하용조 강해서 전집 14

요한복음 2

예수님은 능력입니다

(5-8장)

하용조 강해서 전집 14

요한복음 2
예수님은 능력입니다(5-8장)

지은이 | 하용조
초판 발행 | 2005. 10. 9
개정 1판 발행 | 2010. 3. 5
개정 2판 발행 | 2021. 7. 21
등록번호 | 제1988-000080호
등록된 곳 | 서울특별시 용산구 서빙고로 65길 38
발행처 | 사단법인 두란노서원
영업부 | 2078-3352   FAX | 080-749-3705
출판부 | 2078-3331

책값은 뒤표지에 있습니다.
ISBN 978-89-531-3491-1 04230

독자의 의견을 기다립니다.
tpress@duranno.com   www.duranno.com
*본문에 사용된 성경은 우리말성경임을 밝힙니다.

하용조 강해서 전집 14

요한복음 2

예수님은 능력입니다

(5-8장)

두란노

세상에서 가장 따뜻한 능력,
내게 부어 주소서

예수님은 불가능을 가능으로, 절망을 희망으로, 패배를 승리로, 약함을 강함으로, 미련함을 지혜로 바꾸시는 분입니다.

희망 없는 세상, 상처 입은 사람들, 깨어진 관계, 영적 갈망으로 목말라하는 영혼…. 무엇이건 누구이건 어떤 상황이건 그것을 역전시키시는 예수님의 능력이 임하면, 기적이 일어납니다. 오늘날 우리에게도 기적은 얼마든지 일어날 수 있습니다. 기적이란 믿음대로 되는 것이고, 믿음은 예수님의 말씀을 듣는 데서 비롯됩니다.

지금 어려움을 겪고 있습니까? 남모르는 고통으로 신음하고 있습니까? 예수님을 기억하십시오! 그분의 은혜와 능력, 신실함과 사랑을 기억하십시오. 물고기 두 마리와 보리빵 다섯 개로 5,000명을 먹이시고, 인간의 힘으로는 더 이상 손쓸 수 없는 환자들을 고쳐 주시고, 사람들한테 손가락질받던 한 여인을 죄지음의 굴레에서 벗어나게 하시고, 풍랑이 이는 캄캄한 바다에서 두려움에 떨며 고군분투하고 있는 제자들을 찾아 물 위로 걸어오신 예수님을 기억하십시오.

어제나 오늘이나 영원토록 변함없으신 사랑과 능력으로, 예수님이 지금 우리 곁에 서 계십니다. 우리를 위해 기적을 베풀어 주실 준비가 되어 있으십니다. 그러니 믿음의 눈으로 주님을 바라보고, 주님이 베푸실 은혜를 기대하십시오.

우리가 예수님의 능력을 믿음으로 덧입고 기적을 경험할 때, 주변 사람들이 병 고침을 받을 뿐만 아니라 어그러진 관계가 회복되며, 세상 사람들이 살 소망을 찾고, 잃어버린 영혼이 구원을 얻습니다. 성경은 예수님을 믿는 사람마다 생수의 강이 그의 배에서 흘러나올 것이라고 말합니다(요 7:38 참조). 실로, 우리 배에서 생수가 흘러나오게 하실 능력이 우리 주님께 있습니다. 그러므로 예수님의 능력을 아는 것이 곧 복입니다.

요한복음 5-8장에 예수님의 능력이 잘 드러나 있습니다. 말씀을 통해 예수님의 능력을 생생하게 경험해 보십시오. 예수님의 능력을 사모하여 예수님을 따라 능력의 사람이 되기를 간절히 기도합니다.

차례

1부

하나님의 아들에게서 나오는 능력

요한복음 5:1-47

우리는 이웃을 사랑하라는 주님의 말씀을 머리로만 기억할 뿐
여간해서는 실천하지 못합니다.
그러나 예수님의 사랑은 관념이 아닌 실제입니다.
예수님은 배고픈 사람에게 먹을 것을 주셨고,
목마른 사람에게 생수를 주셨으며 외로운 사람에게 위로를 주셨습니다.
도움이 필요한 사람들을 긍휼히 여기고,
사랑으로 그들에게 다가가 그들을 돌보며
지지하고 격려하는 것이야말로 사랑입니다.

1

나를 도와주는
사람이 없습니다

요한복음 5:1-9

기꺼이 치유의 문이 되시다

예수님은 가나의 혼인 잔치에서 물로 포도주를 만드심으로써 첫 번째 기적을 행하셨고, 왕의 신하의 아들이 가버나움에서 병들어 죽게 되었을 때 말씀으로 치유하여 두 번째 기적을 행하셨습니다.

이제 세 번째 기적에 관해 알아보겠습니다. 38년이나 병을 앓고 있어 아무 희망도 없던, 이름 모를 한 사람을 치유하신 일입니다. 예수님이 어떻게 그를 고쳐 주실 수 있었을까 하고 묻는다면, 답은 간단합니다. 예수님이 곧 하나님이시기 때문입니다.

하나님은 우리 죄 문제를 해결하기 위해 독생자까지 아끼지 않고 십자가에 내어 주심으로써 그 사랑이 얼마나 크고 넓고 깊고 높은지를 보여 주셨습니다. 예수님은 하나님과 똑같은 영적 권위로 사람들을 변화시키고 치유하시는 분입니다. 사람들의 빛이요 생명이신 예수님이 손을 펴고 기도하시면, 하나님의 생명이 예수님을 통해 병든 자나 귀신 들린 자나 심지어 죽은 자에게도 전달되어 병이 낫고, 귀신이 쫓겨나고, 다시 살아나는 기적이 일어납니다. 질병을 고치는 원리가 생명에 있고, 하나님이 생명의 근원이시기 때문입니다.

병든 자를 치유하시는 예수님의 마음이 요한복음 5장에 잘 나타나 있습니다.

> 그 후 예수께서는 유대 사람의 절기가 돼 예루살렘으로 올라가셨습니다(요 5:1).

사복음서에는 저마다 자주 등장하는 낱말이 있습니다. 마태복음에서는 "그때"가, 마가복음에서는 "곧", "바로", "즉시" 등이, 누가복음에서는 "때가 되어"라는 독특한 표현이 자주 보입니다. 요한복음에서는 "그 후"라는 낱말이 빈번히 등장합니다. 요한복음과 요한계시록에서도 자주 나타나는 것으로 보아 사도 요한이 즐겨 썼던 표현인 듯합니다.

여기서 "유대 사람의 절기"란 속죄일, 유월절, 오순절과 같은 명절을 가리킵니다. 갈릴리와 사마리아에서 사역하신 예수님이 명절을 맞아 예루살렘으로 올라가십니다. 예수님은 주로 갈릴리에서 활동하셨는데, 예루살렘에 가실 때는 언제나 명절 즈음이었습니다.

예루살렘 성전에 들어가려면 성을 둘러싼 성곽의 문을 통과해야만 합니다. 성전에 이르면, 이방 사람의 뜰과 여인의 뜰이 나오고, 안쪽으로 들어가야 성소와 지성소가 있습니다. 예루살렘 성전이 겹겹이 둘러싸여 있는 까닭은 지성소가 이스라엘 백성에게 예배의 중심지요 민족 정서의 뿌리이기 때문입니다. 그들에게는 예루살렘 성전이 없는 삶은 상상조차 할 수 없는 일이었습니다.

예루살렘의 '양의 문' 근처에는 히브리말로 '베데스다'라고 하는 못이 있었는데 그 못 주위는 다섯 개의 기둥이 있었습니다. 여기에는 눈먼 사람들, 다리 저는 사람들, 중풍 환자들 등 많은 장애인들이 누워 있곤 했습니다. [그들은 물이 움직이기를 기다리고 있었습니다](요 5:2-3).

예수님은 예루살렘 동쪽 성문들의 하나인 "양의 문"을 통과하십니다. 당시 예루살렘 성벽에는 성문이 여럿 있었는데, 그중 양 떼가 드나드는 '양의 문'이 있었습니다. 느헤미야가 황폐해진 예루살렘 성을 재건할 때 가장 먼저 수축한 것이 바로 양의 문입니다. 성벽 재건은 각 지파가 할당받은 영역을 수축해 나가다가 양의 문에서 완성되었습니다. 양의 문에서 시작해 양의 문으로 끝난 것입니다.

예수님도 양의 문에 관해 여러 번 언급하신 바 있습니다.

나는 문이다. 누구든지 나를 통해 들어오는 사람은 구원을 얻고 들어오고 나가면서 꼴을 얻을 것이다(요 10:9).

세례자 요한이 예수님을 "세상 죄를 지고 가시는 하나님의 어린

양"(요 1:29)으로 증언한 것과 연관 지어 생각하면 쉽게 이해될 것입니다. 이처럼 양의 문은 중요한 상징성이 있습니다.

마태복음은 예수님이 갈릴리 지역을 두루 다니며 회당에서 가르치고, 복음을 전파하며 사람들의 모든 질병과 아픈 곳을 고쳐 주셨다고 기록함으로써 예수님의 사역을 세 가지로 요약합니다(마 4:23 참조). 바로 '가르치는 사역'과 '복음을 전파하는 사역'과 '치유 사역'입니다.

특히 사복음서의 5분의 1은 치유 사역에 관한 기사들로 채워져 있습니다. 예수님이 얼마나 많은 환자를 고치고, 약자를 돌보며, 귀신을 쫓아내셨는지 잘 알 수 있습니다. 예수님은 사회에서 소외된 사람들의 일차적이고 본능적인 필요를 외면하지 않으셨습니다.

양의 문 옆에 "베데스다라고 하는 못"이 있고, 그 주변에 각종 병을 앓는 환자들이 모여 있는데, 대부분 불치병 환자입니다. 베데스다 연못 주변에 누워 있는 환자들의 모습은 인류가 당면한 문제들을 압축적으로 보여 주는 것만 같습니다.

우리는 예수님이 상처받고 병든 사람들을 긍휼히 여기시고, 자비를 베푸시는 이야기를 읽으며 '주님의 사랑'을 실감합니다. 그러면서도 "네 이웃을 네 몸처럼 사랑하여라"(마 22:39)라고 하신 주님의 말씀을 머리로만 기억할 뿐 여간해서는 실천하지 못합니다.

예수님의 사랑은 관념이 아닌 실제입니다. 예수님은 배고픈 사람에게 먹을 것을 주시고, 목마른 사람에게 생수를 주시며 외로운 사람에게 위로를 주십니다. 도움이 필요한 사람들을 긍휼히 여기고, 사랑으로 그들에게 다가가 그들을 돌보며 지지하고 격려하는 것이야말로 사랑입니다.

한 사람을 주목하시다

"베데스다"는 '은혜의 집'이라는 뜻인데, 이 연못에 관한 전설이 있습니다. 갑자기 물이 출렁일 때가 있는데, 주의 천사가 가끔 내려와 물을 휘젓기 때문이라는 것입니다. 그때 가장 먼저 물에 뛰어들면, 무슨 병이든지 다 낫는다는 소문이 있었습니다. 그렇게 해서 병이 나았다는 기록이 없으니 소문에 지나지 않을 테지만, 베데스다 연못가에 모여 있던 수많은 환자는 그렇게 믿고 있었습니다.

당시 불치병에 걸린 사람들은 기가 막혔을 것입니다. 몸은 아픈데, 치료 약이 없으니 사람이 죽어 나갑니다. 환자뿐 아니라 그 가족들도 지푸라기라도 잡는 심정으로 물이 움직이기만을 기다렸을 것입니다. 그나마 도와주는 사람이 있으면, 물이 움직일 때 가장 먼저 뛰어들 수 있겠지만, 도와주는 사람이 없으면 38년을 기다려도 물에 들어갈 수가 없습니다.

그 못 주위는 다섯 개의 기둥이 있었습니다(요 5:2b).

여기서 "다섯 개의 기둥"은 모세오경을 가리키는 것인지도 모릅니다. 히브리 숫자에서 다섯은 '긍휼, 자비'를 뜻합니다. 이집트 총리가 된 요셉은 형제들과 재회할 때 그들에게 음식을 대접하면서 특별히 사랑하는 동생 베냐민에게는 다른 형제들보다 다섯 배나 더 주었고, 예수님은 보리빵 다섯 개와 물고기 두 마리로 굶주린 사람들을 먹이셨습니다.

베데스다 연못가에 많은 환자가 누워 있는데, "눈먼 사람들, 다리 저는 사람들, 중풍 환자들" 등으로 세분하여 기록한 점이 흥미롭습니다. 그 외 여러 종류의 불치병 환자들이 있었을 것입니다. 수많은 환자가 모여 있으니 연못가에 가면 냄새가 나고, 주변이 불결했을 것입니다. 병으로 예민해진 사람들이 서로 다투는 일도 잦았을 것입니다.

그런데도 환자들이 베데스다 연못가에 모여드는 이유는 주의 천사가 물을 휘젓는 순간에 맨 먼저 물에 뛰어들면 병이 나을까 해서입니다(요 5:4). 실낱같은 희망을 안고, 연못가에 모여 있는 것입니다. 마치 복권 당첨을 기대하는 사람들처럼 말입니다. 기도하는 마음으로 복권을 사서 안수 기도까지 받는 사람도 있습니다. 삶에 희망이 없으니 복권 당첨이라는 꿈이라도 꾸는 것입니다.

베데스다 연못의 물결에 인생을 건 환자들의 모습이 마치 우리 삶의 현실과도 같습니다. 돈이 된다 싶으면 아우성을 치며 몰려들고, 돈을 얻을 수만 있다면 사람을 죽이는 것쯤은 아무 문제도 되지 않는 세상입니다.

거기에 38년 동안 병을 앓고 있는 사람이 있었습니다. 예수께서 그가 거기 누워 있는 것을 보시고 또 그가 이미 오랫동안 앓아 온 것을 아시고 물으셨습니다. "네 병이 낫기를 원하느냐?"(요 5:5-6).

그곳에 모인 환자들 중에는 일말의 희망조차 갖기 힘든 사람이 있습니다. 바로 38년 된 환자입니다. "하늘은 스스로 돕는 자를 돕는다"라는 속담이 있지만, 그는 스스로 도울 의지나 용기마저 없습니다. 그는 꿈꾸는 데서조차 38년간 낙오되어 왔기 때문입니다.

예수님은 베데스다 연못가에 모인 환자들의 처절함을 보십니다. 마치 TV 카메라가 전체를 비추다가 환자들을 한 명씩 줌인(zoom in)하듯 보여 주더니, 물이 움직여도 도와줄 사람이 없어 소망조차 잃은 38년 된 환자를 만나 주시는 예수님에게 이야기의 초점이 맞추어집니다.

예수님이 주목하신 38년 된 환자는 주님을 알아보지도 못합니다. 믿음이 있는 것도 아니고, 의지가 특출한 것도 아닙니다. 소망이 아닌 절망에 몸을 맡긴 채 겨우 살아가는 사람입니다.

그런 그에게 예수님이 다가가십니다. 예수님은 38년 된 환자에게 "네 병이 낫기를 원하느냐?"라고 물으십니다. 그러나 그는 신세타령만 해 댑니다.

> 선생님, 물이 움직일 때 못에 들어가도록 나를 도와주는 사람이 없습니다. 내가 가는 동안 다른 사람들이 나보다 먼저 물속에 들어갑니다(요 5:7).

참으로 슬프고 안타까운 일입니다. 38년간 누워 있었어도 도와줄 사람이 없는 것을 보면, 가족과 이웃한테서 버림받은 인생인지도 모릅니다. 그는 자신을 설득하는 한편 세상을 원망하고 있습니다. '누가 나를 연못 속에 던져 주기만 하면, 나을 수 있을 텐데⋯. 왜 아무도 나를 도와주지 않는 거야!'

불가능을 가능으로 바꿔 주시는 능력

여기서 우리가 배워야 할 영적 교훈이 있습니다. 그의 사정과 마음을 이미 아시는 주님이 그에게 "네 병이 낫기를 원하느냐?"라고 물으신다는 사실입니다. 하나님은 우리 마음을 읽고, 우리를 불쌍히 여기시는 분입니다.

그러자 예수께서 그에게 말씀하셨습니다. "일어나 네 자리를 들고 걸어가거라." 그러자 그가 곧 나아서 자리를 들고 걸어갔습니다. 그 날은 안식일이었습니다(요 5:8-9).

자기 상처에 매여 있는 사람에게는 설교해 봤자 들을 힘이 없습니다. 예수님은 절망에 빠져 있는 그에게 설교하거나 그를 설득하지 않으시고, 단도직입적으로 명쾌하게 말씀하십니다.

"일어나 네 자리를 들고 걸어가거라!"

이것이 예수님이 주시는 복음의 말씀입니다. 얼마나 명쾌하고 능력에 찬 말씀입니까!

예수님의 말씀은 세 가지 명령으로 구성되어 있습니다.

첫째, "일어나라"입니다. 38년간 누워 있던 사람의 불가능을 가능으로 바꿔 주시는 명령입니다.

둘째, "자리를 들어라"입니다. 그에게 '자리'는 친구와도 같습니다. 플라시도 도밍고(Placido Domingo), 호세 카레라스(Jose Carreras)와 함께 세계 3대 테너로 꼽히던 이탈리아의 테너 가수 루치아노 파바로티(Luciano Pavarotti)는 늘 흰 손수건을 지니고 다녔습니다. 특히 무대에서는 손수건을 손에 쥐어야 마음이 안정되었다고 합니다. 손수건이 없으면 안절부절못할 정도였습니다. 베데스다 연못가에 누워 있던 그 사람도 38년간 자리와 한 몸이 되어 살아왔으니 자리에서 일어나는 것은 상상도 할 수 없는 일이었을 것입니다. 예수님은 이제 그 자리를 걷어치우라고 명령하십니다.

셋째, "걸어가라"입니다. 과거의 상처와 단절하고, 미래의 희망을 향해 걸어가라고 명령하십니다. 오랫동안 의지해 오던 것을 버리고 힘을 내어 전진하라고 말씀하십니다.

예수님의 권위 있는 명령에 그가 곧 나아서 일어나 걸어갔습니다. 이것이 바로 예수님 말씀의 능력입니다.

물이 움직일 때, 누가 맨 먼저 뛰어드는가의 경쟁에서 뒤처진 그는 38년간 하늘을 올려다보며 탄식하는 것밖에는 아무 일도 할 수 없었습니다. 그러면서도 그 자리를 차마 떠나지 못했습니다. 우리도 마찬가지입니다. 혹시나 하는 마음에 직장을 못 떠나고, 일을 못 관두고, 미련하게 버티며 살아갑니다.

구원을 갈망할 뿐 실제로는 얻지 못했던 구약 시대의 신앙도 그와 같았습니다. 하나님은 이스라엘 백성에게 구원을 약속하셨고, 믿음의 조상과 함께 율법을 주셨습니다. 성전을 건축하게 하셨고, 제사 방법도 가르쳐 주셨습니다. 그런데 구약 시대의 사람들은 율법과 제사에만 몰두했을 뿐 구원을 얻지는 못했습니다. 예배 형식은 있지만 내용이 없고, 율법은 있지만 해답이 없는 시대였습니다.

38년 된 환자와 구약 시대의 이스라엘 백성들을 통해 깨닫는 몇 가지가 있습니다. 첫째, 율법이나 행위로는 구원받을 수 없다는 사실입니다. 줄 서서 아무리 오래 기다려도 해답이 없습니다. 갈증만 남습니다. 얼마나 노력했든 착한 일을 했든 상관없습니다. 철학이나 종교나 이성으로는 구원을 얻지 못합니다.

둘째, 율법은 희망의 대상이 아니라는 사실입니다. 율법이 나쁘다는 게 아니라 구원의 열쇠가 아니라는 뜻입니다.

셋째, 헛된 희망은 무능력하다는 사실입니다. 천사의 전설을 믿고 38년간 한자리를 지켰어도 전설은 전설일 뿐 아무 능력이 없습니다.

유대인들은 지금도 메시아가 오기를 기다리고 있습니다. 요한복음 4장에서 사마리아 수가 마을의 여인은 예수님에게 "우리 조상들은 이 산에서 예배를 드렸는데 당신네 유대 사람들은 '예배는 예루살렘에서만 드려야 한다'라고 말합니다"(요 4:20)라고 말합니다. 이것은 "대체 구원은 어디에 있습니까?"라는 물음입니다. 그때나 지금이나 그들은 날마다 율법을 지키며 메시아를 기다리고 있습니다. 목 놓아 기다려도 외롭고, 목마를 뿐입니다.

우리 사정도 그들과 크게 다르지 않습니다. 교육과 정치가 무너져 가고, 양심은 점점 후패해져 갑니다. 대체 어디서부터 어떻게 손을 써야 할지 모를 지경입니다. 가까이에는 어렵게 사는 이웃이 있고, 이북에는 굶주린 북한 주민들이 있습니다. 각 가정과 개인의 문제는 은밀하면서도 복잡합니다. 이런 현실이 베데스다 연못가의 모습과 비슷합니다. 기대할 것은 헛된 희망이고, 할 수 있는 것은 신세타령뿐입니다.

그런데 예수님이 다가오셔서 불가능에 익숙해져 있는 우리에게 "네 병이 낫기를 원하느냐?"라고 물으십니다. 우리에게도 기적이 얼마든지 일어날 수 있습니다. 기적이란 믿음대로 되는 것이고, 믿음이란 예수님의 말씀을 듣는 것입니다. 예수님이 명령하시는 말씀이 우리 가슴속에 나팔소리처럼 울려 퍼지기를 기대합니다.

●

2

다시는
죄짓지 마라

요한복음 5:10-18(1)

●

알맹이는 쏙 빼고 따지기만 하다

예수님이 베데스다 연못가에서 38년 된 환자를 낫게 하신 일은 단순한 기적이 아니라 구약 종교의 종말을 선포하는 사건이었습니다. 연못가에 모여 앉은 불치병 환자들의 모습은 구약 종교를 단적으로 보여 줍니다. 구약 종교는 늘 목마름만 줄 뿐이었습니다. 예수님이 이 땅에 오셔야만 그 목마름이 비로소 해소됩니다.

"이 성전을 허물라. 그러면 내가 3일 만에 다시 세우겠다"(요 2:19)라고 하신 예수님의 말씀으로 유대 신앙의 상징인 예루살렘 성전에 마침표가 찍히고, "나는 양의 문이다"(요 10:7)라는 말씀으로 양의 문이 끝나며 베데스다 물로 목을 축이던 수많은 환자의 갈증은 "내가 주는 물을 마시는 사람은 영원히 목마르지 않을 것이다. 내가 주는 물은 그 사람 안에서 계속 솟아올라 영생에 이르게 하는 샘물이 될 것이다"(요 4:14)라고 하신 말씀으로 마침내 해소됩니다. 그리고 38년 된 환자를 괴롭히던 병마는 "일어나 네 자리를 들고 걸어가거라"라는 말씀으로 그에게서 쫓겨납니다.

예수 그리스도께서 이 땅에 오심으로써 구약 종교는 막을 내리고, 제사는 그 역할을 끝냅니다. 예수님이 오심으로써 죄의 어둠이 걷히고, 사탄의 역사가 끝이 납니다.

구약의 창세기를 보십시오. 누가 태어나 몇 년을 살다가 죽고, 또 몇 년을 살다가 죽었다는 식으로 이름들이 죽음으로 연결됩니다. 그러나 신약의 마태복음을 보면, 누가 누구를 낳고, 또 누가 누구를 낳고 하면서 이름들이 탄생으로 이어집니다. 한마디로 구약은 죽는 종교요 신약은 사는 종교입니다.

베데스다 연못가에 누워 있던 38년 된 환자가 예수님의 말씀을 듣고 일어납니다.

> 그러자 그가 곧 나아서 자리를 들고 걸어갔습니다. 그날은 안식일이었습니다(요 5:9).

예수님이 그를 치유하신 날이 하필이면 안식일입니다. 구약 종교를 특징짓는 두 가지는 바로 할례와 안식일인데, 예수님은 안식일에 환자를 치유하심으로써 유대 사람들에게 공격의 빌미를 내어 주십니다. 아니나 다를까 유대 사람들이 이것을 문제 삼아 꼬투리를 잡기 시작합니다.

> 그래서 유대 사람들은 병이 나은 사람에게 말했습니다. "오늘은 안식일이니 자리를 들고 가는 것은 옳지 않소"(요 5:10).

복음서에는 "유대 사람들"이라는 표현이 칠십 번 정도 나오는

데, 그들은 예수님을 대적하고 핍박하기 일쑤였습니다. 유대 사람들은 구약 종교를 대표하는 사람들입니다. 바리새인, 사두개인, 율법학자, 제사장 같은 이들이 바로 유대 사람들입니다. 그들은 대부분 유대 사회에 영향력을 행사하는 권력층이었습니다. 구약 종교의 계승자를 자처한 그들은 예수 그리스도의 출현을 매우 거추장스럽고 불편하게 여겼습니다. 그들이 힘을 모아 구약 종교의 이름으로 예수 그리스도를 십자가에 못 박아 죽게 한 것입니다.

불의한 사람에게는 진리만큼 불편한 것도 없습니다. 세상은 진리를 환영하지 않습니다. 예수님의 출현은 유대 사람들의 존재 가치가 끝났음을 의미합니다. 그래서 그들은 예수님의 출현을 필사적으로 막으려고 했고, 안식일에 치유하신 일을 아주 중요한 사건으로 다루게 됩니다.

그들은 하나님이 모세를 통해 말씀해 주신 안식일의 참의미는 뒷전으로 하고, 오직 형식과 제도에 매여 삽니다. 안식을 사람을 자유케 하는 것이 아닌 율법으로만 인식합니다. 그들은 예수님이 환자를 치유하신 일을 기뻐하고 축복하기보다는 시비를 걸어 문제로 삼습니다.

우리 주변에서도 그런 사람들을 흔히 볼 수 있습니다. 서로 축복할 일인데도 오히려 그것을 빌미 삼아 상황을 역전시키려는 사람들이 늘 있기 마련입니다.

유대 사람들은 38년 된 환자가 일어나 자기 자리를 들고 걷게 된 감격과 기쁨에는 전혀 관심이 없습니다. 그러니 그를 낫게 하신 예수님의 사랑에 감동하거나 그 능력에 경의를 표할 리가 없습니다. 그들의 관심은 오로지 밥그릇에 있습니다. 제 것 챙기기에만 관심이 있습니다. 자신들의 권위가 떨어지고, 영향력이 줄어들까 봐 걱정하고, 형식화된 구약 종교로 누려온 기득권에 흠집이 날까 봐 분노할 뿐입니다.

> 그러나 그가 대답했습니다. "내 병을 고치신 분이 내게 '자리를 들고 걸어가거라'고 하셨소." 그러자 유대 사람들이 그에게 물었습니다. "당신에게 자리를 들고 걸어가라고 말한 사람이 대체 누구요?" (요 5:11-12).

그들은 38년 된 환자에게 누가 그의 병을 고쳐 주었는지 묻지 않고, 누가 안식일에 걸어가라고 했느냐고 묻습니다. 안식일인데, 병이 나았더라도 하루만 더 있다가 일어날 것이지 왜 그날 일어났느냐고 묻는 것입니다. 율법이라는 제도와 종교라는 형식으로 인간의 자유를 무참히 짓밟고 있습니다. 안식일을 철저히 지켜야만 종교적으로 더 성숙한 사람이라고 여기기 때문입니다. 그러나 그들은 안식일의 본질을 잃어버린 지 이미 오래입니다.

병이 나은 사람은 그분이 누구인지 알 수 없었습니다. 그곳에는 많은 사람들이 있었고 예수께서는 이미 떠나셨기 때문입니다(요 5:13).

그는 자신을 치유해 주신 예수님을 왜 몰랐을까요? 말씀으로 병을 고쳐 주시는 기적을 목격한 사람들이 몰려드는 바람에 예수님이 조용히 자리를 피하셨기 때문입니다.

여기서 우리는 또 한 가지 사실을 알 수 있습니다. 예수님은 사람들에게서 영광이나 칭찬이나 인기를 얻는 일에는 관심이 없으시다는 사실입니다. 주님은 자기 처지를 비관하고 있던 38년 된 환자를 불쌍히 여기시고, 그의 영혼에만 관심이 있으십니다.

우리는 제도, 형식, 권력, 인기 등에 너무나 관심이 많습니다. 이름 없이 살다가 죽어 가는 작은 자들에게는 별 관심을 두지 않습니다. 거대한 권력 집단에 무참히 짓밟히는 서민들을 외면하는 이유는 그들에게서 얻을 것이 별로 없기 때문입니다.

탁월한 의사는 영혼까지 치유한다

떠들썩거리던 사람들이 사라지자 예수님이 다시 성전에 오셔서 그 사람을 만나 주십니다.

나중에 예수께서 성전에서 이 사람을 만나 말씀하셨습니다. "보아라. 네가 다 나았구나. 더 심한 병이 네게 생기지 않도록 이제 다시는 죄를 짓지 마라"(요 5:14).

왜 만나실까요? 그에게 이제 다시는 죄짓지 말라고 말씀해 주시기 위해서입니다. 육신의 질병뿐 아니라 그의 영과 마음까지도 치유해 주시려는 것입니다.

여기서 우리는 치유에 관한 아주 놀라운 사실을 발견합니다. 육신의 질병을 고치는 것은 치유의 절반에 불과하다는 사실입니다. 만약 예수님의 지상 사역이 병 고치는 것으로 그 역할을 다한다면, 예수님은 의사와 별다를 바 없는 분이 되고 맙니다.

육신의 치료가 필요 없다는 말이 아닙니다. 병에 걸리면, 당연히 치료를 받아야 합니다. 그러나 육체적으로 건강하다고 해서 행복해지는 것은 아닙니다. 행복은 건강에서 시작되지만, 건강이 행복의 완성은 아닙니다. 마음까지 건강해야 행복이 완성됩니다. 영과 혼이 동시에 건강해야 진정 행복하다고 할 수 있습니다. 그래야 온전한 치유입니다. 탁월한 의사는 그 영혼까지도 치유합니다.

치유에는 세 단계가 있습니다. 우선, 육체적 치유 단계가 있습니다. 사람은 모든 질병과 육체적 불균형에서 자유해야 합니다. 그보다 한 단계 더 높은 것이 정신적 치유입니다. 방황, 좌절, 절망, 허무, 무의미 등에 관한 해법과 방향이 제시되어야 합니다. 가장 높은 단계는 영적 치유입니다. 죄, 사탄, 죽음 등의 문제를 완전히 해결해야만 합니다.

예수님은 38년간 누워 있었던 그 사람을 다시 만나 더 심한 병에 걸리지 않도록 다시는 죄짓지 말라고 말씀해 주십니다. 온전히 치유해 주시기 위해서 말입니다.

질병에 걸리는 이유는 여러 가지가 있습니다. 첫째, 유전이나 환경적 요인으로 병에 걸릴 수 있습니다. 또는 좋지 않은 생활 습관이 있거나 건강관리를 잘하지 못한 탓에 병에 걸리기도 합니다.

둘째, 오로지 하나님의 영광을 드러내기 위해서 병에 걸리는 경우가 있습니다. 특별히 욥을 예로 들 수 있습니다. 그는 하나님의 영광을 위해 심각한 고통을 겪어야만 했습니다.

셋째, 죄의 결과로 병에 걸릴 수 있습니다. 이럴 때는 자기가 지은 죄를 속히 회개해야 합니다. 이것은 영적인 문제이기 때문입니다. 예수님은 38년간 병을 앓았던 사람에게서 바로 이 세 번째 이유를 보시고, 더 심한 병에 걸리지 않도록 다시는 죄짓지 말라고 그에게 경고하십니다.

사람마다 질병의 원인이 다르고, 그에 따라 치료법도 각기 다릅니다. 만약 그가 유전이나 환경적인 요인 때문에 병들었던 것이라면, 예수님은 그에게 몸을 깨끗이 하고 잘 먹고 잘 자고 열심히 운동하라고 말씀하실 것입니다. 그리고 만약 하나님의 영광을 드러내기 위해 병에 걸렸다면, 하나님의 때가 이를 때까지 계속 아파하라고 말씀하실 것입니다. 심지어 아무리 고통스러워도 불평하지 말고, 오히려 기뻐하며 감사하라고 말씀하실 수도 있습니다. 자신이 어느 경우에 해당하는지는 스스로 살펴봐야 할 것입니다.

> 그 사람은 유대 사람들에게 가서 자기 병을 고치신 분이 예수라고
> 말했습니다(요 5:15).

사마리아 수가 마을의 여인은 예수님과 대화를 나눈 뒤에 물 항아리를 놔둔 채로 급히 마을로 돌아가서 "이분이 그리스도가 아니겠습니까?"(요 4:29)라고 외쳤습니다.

38년간 앓았던 그 사람도 마찬가지입니다. 그는 자기 병을 낫게 해 준 사람이 누구인지 모르고 있다가 어떤 사람이 와서 "다시는 죄짓지 마라"라고 말하므로 그제야 예수님임을 알아봅니다. 그는 너무나 흥분한 나머지 유대 사람들에게 달려가 자기 병을 고쳐 주신 분이 바로 예수님이라고 증언합니다.

하나님과 사람을 기쁘게 하는 안식일

여기서 우리는 전도가 무엇인지를 배웁니다. 전도란 "그분이 나를 구원해 주셨어요. 내 병을 고쳐 주셨어요. 그분을 만났는데 이상하게 희망이 생겼어요. 눈에서 비늘이 벗겨지는 것처럼 머리가 맑아지더니 참된 인생길이 보이기 시작했어요. 비전과 꿈이 생겨서 설레고 흥분돼요. 잠자리에 들 때면, 마음속에 기쁨과 평안이 강물처

럼 흘러넘쳐요. 그게 다 예수님을 만난 덕분이에요"라고 말하는
것입니다.

38년간 병을 앓다가 치유 받은 사람이 자신을 낮게 하시고, 변화
시키신 분이 예수님임을 증언하는 것이 바로 전도입니다. 복음을
전할 때는, 대상자의 사회적 지위가 높든지 낮든지 많이 배웠든지
못 배웠든지 그런 것은 하나도 눈에 들어오지 않습니다. 38년이나
누워 있던 자신을 일으켜 세우시고, 그의 마음속 절망과 분노를 없
애 주셨다는 사실을 알 뿐입니다. 비록 가진 것은 없어도 삶의 진
정한 의미를 깨닫고, 구원의 기쁨으로 충만해졌으니 구원자 예수
그리스도를 전할 수밖에 없습니다.

> 예수께서 안식일에 이런 일을 행하셨기 때문에 유대 사람들은 예수
> 를 핍박했습니다(요 5:16).

그리스도인을 환대하는 사람이 있는가 하면, 그리스도인을 벌
레 보듯이 보며 아주 싫어하는 사람들도 있습니다. 똑같은 사건을
놓고도 누구는 하나님을 찬양하며 하나님께 감사를 올리지만, 또
누구는 율법을 운운하며 책잡기에 바쁩니다. 사건의 해석이 서로
다른 것입니다.

왜 이런 현상이 일어날까요? 어둠의 세력이 진실을 덮고 있기
때문입니다.

유대 사람들은 예수님이 안식일에 환자를 치유하셨기 때문에 예수님을 핍박하는 것이 아닙니다. 자신들의 종교적 계율, 곧 율법을 깨뜨리시는 예수님을 용서할 수 없었던 것입니다.

이에 관해 예수님이 아주 귀한 말씀으로 해답을 주십니다.

예수께서 그들에게 말씀하셨습니다. "내 아버지께서 지금까지 일하고 계시니 나도 일한다"(요 5:17).

이 말씀에서 우리는 세 가지 사실을 발견합니다. 첫째, 예수님은 하나님을 "내 아버지"로 부르고 있습니다. 예수님이 기도할 때마다 하나님을 "아버지"로 부르신 것은 매우 놀라운 일입니다. 하나님과 자신을 동일시하는 것이기 때문입니다.

좋은 믿음을 가지려면, 어떻게 기도해야 하는지 압니까? 하나님을 "아버지"로 부르십시오. 예수님으로 말미암아 하나님의 자녀가 되었으니 하나님은 우리 아버지이십니다.

둘째, 하나님은 창세부터 지금까지 일하시는 분입니다. 예수님은 하나님이 계속해서 일하시니 자신도 일한다고 말씀하십니다.

셋째, 하나님은 안식일에도 일하십니다. 예수님이 안식일에 환자를 고쳐 주신 이유는 하나님 아버지께서 창세부터 지금까지 내내 일하고 계시기 때문입니다.

이 말의 참뜻은 무엇일까요? 안식일은 쉬는 날만이 아니라 일하는 날이기도 하다는 뜻입니다. 안식일에는 두 가지 요소가 있습니다. 하나는 쉼이고, 다른 하나는 일입니다. 자신의 쾌락이나 유익을 위한 일이 아닌 사람을 살리고 이웃을 돕는 일 말입니다.

그러므로 주일은 모름지기 하나님을 기쁘시게 하는 동시에 사람도 기쁘게 하는 날이 되어야 합니다. 죽어 가는 사람이 있다면, 살려야 하고, 병든 자가 있다면 치료해 주어야 합니다. 주일 예배를 드리고 나서 병든 교우를 돌아보고, 가난한 이웃을 찾아가 도와야 진정한 안식일입니다. 저녁에 녹초가 되어 집에 돌아올 정도로 하나님과 사람을 섬기는 날이 바로 참된 안식일입니다.

유대 사람들은 이 말 때문에 더욱더 예수를 죽이려고 애썼습니다. 예수께서 안식일을 어길 뿐만 아니라 하나님을 자기 아버지라 부르며 자기를 하나님과 동등하게 여겼기 때문입니다(요 5:18).

예수님과 유대 사람들 사이의 팽팽한 대립은 예수님이 십자가에 못 박혀 죽으실 때까지 계속됩니다. 아마도 예수님이 다시 오실 때까지 이 영적 대립은 평행선처럼 계속될 것입니다.

과연 당신은 어느 편에 속해 있습니까?

3

하나님보다 율법이
더 크게 보이는가?

요한복음 5:10-18(2)

안식일은 속박이 아니라 축복이다

베데스다 연못가에서 38년간 누워 있다가 예수님을 만나 치유 받은 사람은 실로 오랜만에 일어서서 걷고 뛰며 춤춥니다. 너무나 기뻐서 어쩔 줄 몰라 합니다. 그런데 유대 사람들은 전혀 기뻐하지 않습니다. 오히려 미간을 찌푸리며 분노를 표합니다. 하필이면 그날이 안식일이기 때문입니다.

> 예수께서 안식일에 이런 일을 행하셨기 때문에 유대 사람들은 예수를 핍박했습니다(요 5:16).

유대 사람들의 관점에서 보면, 예수님은 그들이 신봉하는 구약 종교를 송두리째 뒤흔들어 놓은 사람입니다. 자신들의 권위가 훼손되고, 기득권이 침해된 것 같으니 예수님이 하시는 일이라면 무조건 기분이 나쁩니다. 그래서 반대하는 것입니다.

예수님은 그들에게 "내 아버지께서 지금까지 일하고 계시니 나도 일한다"(요 5:17)라고 말씀해 주심으로써 안식일에 관한 그들의 잘못된 생각을 고쳐 주십니다.

원래 안식일을 지으신 분은 하나님이요 하나님은 사람을 위해 안식을 지으셨습니다. 하나님은 "내가 바라는 것은 인애이지 제사가 아니며 하나님을 아는 것이지 번제가 아니다"(호 6:6)라고 말씀하셨습니다. 곧 율법이나 제사보다 사람을 살리는 일이 더 중요하다는 말씀입니다.

안식일에 관한 논쟁은 마태복음 12장에도 나타납니다. 예수님이 안식일에 길을 가시는데 그 뒤를 따르던 제자들이 배가 고파 밀밭으로 들어가 이삭을 따서 먹습니다. 그것을 본 유대 사람들이 예수님께 시비를 걸며 제자들이 안식일에 해서는 안 될 일을 하는데 왜 책망하지 않느냐고 비난합니다. 이때 예수님이 다윗을 예로 들어 대답하십니다.

> 또 제사장들이 안식일에 성전 안에서 안식일을 어겨도 그것이 죄가 되지 않는다는 것을 율법에서 읽어 보지 못했느냐? 내가 너희에게 말한다. 성전보다 더 큰 이가 여기 있다. '내가 원하는 것은 제사가 아니라 자비다'라고 하신 말씀의 뜻을 너희가 알았다면 너희가 죄 없는 사람들을 정죄하지 않았을 것이다. 인자는 안식일의 주인이다(마 12:5-8).

하나님은 가난하고 병들어 절망하는 사람들을 위로하고 사랑하시는 분입니다. 자비를 베푸는 것이 제사나 규례보다 훨씬 더 중요하다고 말씀하셨는데도, 사람들은 하나님의 마음을 뒷전에 두고,

종교적 권위나 전통을 더 중요하게 여겼습니다. 지금도 그런 모습을 교회 안에서 흔히 볼 수 있습니다. 사람보다 제도나 권위나 전통을 더 중요하게 여기는 바람에 그로 인해 고통을 겪는 사람들이 많습니다.

예수님은 안식일에 환자를 치유해 줌으로써 우리를 고통에서 건지시려는 하나님의 마음을 실천하십니다. 그러나 유대 사람들은 예수님이 자신들의 규례와 전통에 맞지 않게 행동한다며 핍박합니다. 게다가 예수님이 "내 아버지께서 일하시니 나도 일한다"고 말씀하시니 더욱 분노합니다.

> 유대 사람들은 이 말 때문에 더욱더 예수를 죽이려고 애썼습니다. 예수께서 안식일을 어길 뿐만 아니라 하나님을 자기 아버지라 부르며 자기를 하나님과 동등하게 여겼기 때문입니다(요 5:18).

그들은 예수님이 자신을 하나님과 동일시하는 신성모독죄를 저질렀다면서 예수님을 죽이려고까지 합니다.

안식일은 창세기 2장 1-3절 말씀에 근거합니다. 하나님은 엿새 동안 우주 만물을 창조하신 후에 일곱째 날에 쉬셨습니다. 이것이 안식일의 시작입니다. 하나님은 피조물들을 보고 기뻐하셨고, 모세를 통해 십계명을 주어 그 기뻐하시는 피조물들로 하여금 계명을 지키고 따르게 하셨습니다.

십계명은 단순한 율법이 아니라 인생의 행복을 푸는 열쇠입니다. 율법을 지키면 축복이 따라옵니다. 따라서 십계명은 하나님의 사랑을 누릴 수 있는 10가지 비결이며, 마귀를 쫓는 10가지 방법이자 행복을 가져오는 10가지 축복입니다.

안식일을 지키는 것은 굉장한 축복입니다. 성경은 안식일에 관해 이렇게 말합니다.

> 너는 안식일을 기억하여 거룩하게 지켜라. 6일 동안은 네가 수고하며 네 일을 할 것이요 일곱째 날은 네 하나님 여호와의 안식일이니 너나 네 아들딸이나 네 남녀종들이나 네 가축들이나 네 문안에 있는 나그네나 할 것 없이 아무 일도 하지 마라. 여호와가 6일 동안 하늘과 땅과 바다와 그 안에 있는 모든 것을 만들고 일곱째 날에는 쉬었기 때문이다. 그러므로 여호와가 안식일에 복을 주고 거룩하게 했다(출 20:8-11).

안식일은 복되고 거룩한 날입니다. 엿새 동안 힘써 일하고, 일곱째 날에 하나님을 기억하고 안식하면, 모든 근심 걱정이 사라지고 피로가 말끔히 씻깁니다. 그럼으로써 모든 것을 새롭게 다시 시작할 수 있습니다. 이것이 바로 안식일이 주는 은혜의 축복입니다.

십자가의 보혈로 탄생한 주일

그러나 유대 사람들은 안식일의 은혜를 율법과 계명으로 바꿔 버렸습니다. 하나님은 안식일을 거룩하게 지키라고만 말씀하셨는데, 유대 사람들은 세세한 규칙들을 만들고야 말았습니다. 그리고 자신들의 법조문을 따로 만들기 시작했습니다. '토라'(Torah), 즉 모세오경에 '미쉬나'(Mishnah)를 덧붙여 안식일에 지켜야 할 39가지 사항을 규정했습니다.

예를 들면, 안식일에 밭갈이, 파종, 수확, 건물을 짓고 부수는 행위, 방직, 바느질, 사냥, 도살, 망치질, 요리, 빵 굽기, 글쓰기, 불 켜고 끄기 등을 하지 않도록 금지한 것입니다. 1,000미터까지 가면 죄가 아니지만 그 이상 가면 죄가 되고, 바느질은 두 번째까지는 괜찮고 세 번째부터 죄가 됩니다. 손수건을 들고 다니면 죄가 되고, 몸에 붙이고 다니면 죄가 되지 않습니다. 금기 사항을 지키지 않으면, 하나님의 뜻을 어기는 것이 되고, 불경건하다고 낙인찍힙니다. 유대인들은 안식일 규정을 지금까지도 지켜 오고 있는데, 안식일에는 냉장고 문을 손으로 열면 안 되므로, '안식일 모드'가 있는 냉장고를 사용한다고 합니다.

안식일의 진정한 의미는 사라지고, 껍데기에 불과한 형식만 남았습니다. 예수님이 그 껍데기를 깨부수십니다. 예수님은 안식일을 부정해 보신 적이 없습니다. 지키지 말라고 말씀하신 적도 없습니다. 오히려 안식일을 성실하게 지키셨습니다.

예수님은 안식일에 관한 유대 사람들이 잘못된 해석과 그들이 만든 불필요한 규칙들을 지적하십니다. 안식일은 사람을 위해 있는 것이기 때문입니다. 안식일에는 일손을 멈춘 채 하나님을 바라보고, 쉼을 얻어 회복해야 합니다. 더구나 안식일의 주인은 바로 예수님 자신이십니다.

안식일에 관한 문제는 유대인들만의 이야기가 아니라 우리 이야기이기도 합니다. 교회 건물을 짓고, 제도를 만들고, 여러 교파를 만들다 보니 어느덧 그것들이 우리를 구속하는 틀이 되었습니다. 틀에 박힌 예배를 드리면, 참된 믿음에서 멀어지기 쉽습니다. 교회가 원래 의미를 잃어버린다면, 그것이 곧 타락입니다.

안식일을 제대로 지키는 것이 축복입니다. 본래 뜻에 맞게 하나님 품에서 안식을 누리며 새 힘을 얻을 때, 영육 간에 하나님의 복이 임합니다. 안식일의 축복은 최후 심판 날까지 계속될 것입니다.

구약과 신약을 읽다 보면, 안식일에 관한 새로운 사실을 발견하게 됩니다. 구약 시대에는 전통적으로 안식일이 토요일이었습니다. 유대인들이나 제칠일안식일예수재림교의 교도들은 지금도 토요일을 안식일로 지킵니다.

그런데 그리스도인은 토요일이 아닌 일요일을 주일로 삼습니다. 우리가 주일에 하나님께 예배를 드리는 이유는 아주 간단합니다. 예수님이 안식일을 주일로 바꿔 주셨기 때문입니다.

마가복음 16장 9절을 보면, 예수님은 "그 주가 시작되는 첫날 이른 아침"에 부활하셔서 맨 처음으로 막달라 마리아에게 나타나십니다. "그 주가 시작되는 첫날"이란 안식일을 보내고 난 뒤 맞이하는 첫날입니다. 이때부터 모든 것이 달라지기 시작합니다. 엠마오로 가는 두 제자를 만나시는 날 역시 안식일을 보낸 뒤 첫날입니다. 제자들에게 나타나시는 날도, 승천하시는 날도 모두 이날입니다. 또 밧모섬에서 요한이 성령께 사로잡혀 "나팔 소리 같은 큰 음성"을 듣는 "주의 날"도 마찬가지입니다(계 1:10).

이렇듯 신약에는 '안식일을 보낸 뒤 첫날'에 일어난 일들이 곳곳에 기록되어 있습니다. 모든 것이 토요일에서 이튿날 주일로 이동하고 있습니다. 사도행전에는 '안식일'이라는 단어가 아홉 번 등장하지만, 구약의 안식일 개념은 아닙니다. "안식일에 걸어도 되는 거리"(행 1:12) 정도의 표현이나 안식일에 회당에서 말씀을 읽거나 강론을 펼치거나 복음을 전했다는 기록이 있을 뿐입니다(행 13:14, 27, 42, 44; 15:21; 16:13; 17:2; 18:4). 초대교회 성도들은 안식일 후 첫날을 주일로 지키며, 주일마다 예수 그리스도의 부활의 기쁨을 나누고, 말씀을 공부하고 복음을 전했으며 구제 및 봉사 활동을 했습니다.

주님의 날인 주일은 축복과 승리와 감격과 용서와 은총의 날입니다. 구약 시대 사람들은 일 년에 한 번씩 예루살렘 성전에서 희생 제사를 드림으로써 하나님께 나아갔지만, 예수님은 십자가의 보혈로 영원하고 완전한 제사를 단번에 드리셨습니다. 그럼으로써 구약의 제사를 모두 폐하셨습니다. 이제 우리는 제사를 드릴 필요가 없습니다. 누구든지 예수 그리스도의 십자가 보혈을 의지하고 믿음으로 나아가면 죄 사함을 얻고 구원을 받습니다. 그러므로 안식일이 토요일에서 주일로 바뀐 것은 변화라기보다는 완성으로 봐야 합니다.

안식일을 세상에 빼앗기지 마라

그리스도인은 주일에 교회에 모여서 예배드리고 봉사합니다. 평일보다 오히려 주일이 더 피곤하다고 말하는 사람이 있습니다. 쉬기는커녕 예배 반주해야지, 교사로 섬겨야지, 찬양 연습해야지, 심방 가야지, 심지어 저녁 예배까지 드려야 하니 말입니다. 안식일에 충분히 쉬어야 하는데, 쉬지 못하는 것 같으니 혼란스러울 수 있습니다.

　안식일에 관해 묵상하다가 중요한 사실 한 가지를 깨달았습니다. 주 5일 근무제가 얼마나 합리적인지 모릅니다. 토요일에 잘 쉬고, 일주일의 시작인 주일에 교회에서 찬양하며 기도하고, 교제하며 전도하고, 봉사 활동을 하면서 부활의 감격을 누려야 합니다. 정말로 토요일에 몸도 마음도 충분히 잘 쉬어야 합니다. 그래야 주일마다 열리는 부활 축제에 참여해 천국 잔치를 신나게 벌이고, 일주일의 삶을 승리로 이끌 수 있습니다.

주일 예배만 드리고 집으로 돌아가는 성도는 불쌍한 사람입니다. 축복을 가장 적게 받고 살아가기 때문입니다. 예배드리고 나서 믿음의 형제자매들과 함께 밥 먹고 봉사하고 전도하러 나가야 주일을 제대로 보내는 것입니다. 주일에 밥을 사 먹는다고 해서 안식일을 범하는 것은 아닙니다. 성도가 함께 빵을 떼는 것이야말로 주의 날에 할 일이기 때문입니다.

그런데 세상은 각종 행사나 주요 운동 경기를 주말에 치름으로써 우리에게서 안식일과 주일을 빼앗아 갑니다. 세상 사람들이 그들 방식대로 살듯이, 우리는 그리스도인의 방식대로 살아야 합니다. 주일에 기쁨으로 예배드리고, 신나게 봉사하는 것이 우리 방식입니다. 그렇게 살지 않으면, 일주일을 승리할 수 없습니다.

주일을 어떻게 보내야 하는지는 초대교회의 모습을 보면 알 수 있습니다.

그들은 사도들의 가르침을 받고 교제하며 빵을 떼는 것과 기도하는 일에 전념했습니다. 모든 사람들에게 두려움이 임했는데 사도들을 통해 기사들과 표적들이 나타났습니다. 믿는 사람들이 모두 함께 모여 모든 물건을 함께 쓰며 재산과 소유물을 팔아 각 사람에게 필요한 대로 나눠 주었습니다. 그리고 날마다 성전에서 한마음으로 모이기를 힘쓰고 집집마다 빵을 떼면서 기쁨과 순수한 마음으로 음식을 나눠 먹었습니다. 그리고 하나님을 찬양하고 사람들로부터 칭찬을 받아 주께서 날마다 구원받는 사람들을 더하게 하셨습니다(행 2:42-47).

초대교회 성도들은 함께 모여 사도들에게 가르침을 받고, 빵을 떼며, 기도하는 일에 전념했습니다. 모든 물건을 함께 쓰고, 가난한 자들을 도왔습니다. 이것이 바로 그리스도인이 살아야 할 주일의 모습입니다. 세상 사람들이 술에 취할 때, 그리스도인들은 예수님께 취해 기뻐합니다.

우리는 주일마다 예수님이 우리를 위해 십자가에 못 박혀 죽으시고 부활하신 그 기쁨을 다시금 경험해야 합니다. 안식일과 주일을 세상에 빼앗기지 마십시오. 토요일에 충분히 쉬고, 주일에는 교회에 모여 함께 예배드리고, 열심히 봉사하십시오. 이것이 바로 주님을 힘껏 기뻐하며 정성껏 섬기는 태도입니다.

4

아들 안에
생명이 있게 하셨습니다

요한복음 5:19-29

아버지와 아들은 하나다

예수님이 능력의 말씀을 선포하실 때, 특별히 반복하시는 주제가 있습니다. 바로 '하나님과 하나 됨'이라는 주제입니다. 예수님은 "나는 하나님 아버지와 하나"라고 분명히 말씀하십니다. 그러나 바리새파 사람들과 율법학자들은 예수님이 신성모독을 했다고 분개합니다. 예수님이 자신을 하나님으로 주장한다는 것입니다. 바로 이 이유로 예수님이 십자가에 못 박혀 죽으시게 됩니다.

예수님은 "아들 혼자서는 아무것도 할 수 없고, 아들은 아버지께서 하시는 것을 보는 대로 따라 할 뿐이다. 아들은 무엇이든지 아버지께서 하시는 일을 그대로 한다"(요 5:19)고 말씀하십니다. 예수님이 스스로 하시는 일은 하나도 없다는 뜻입니다. 하나님과 예수님은 하나이므로 예수님이 하시는 일이 곧 하나님이 하시는 일입니다.

여기서 몇 가지 사실을 알 수 있습니다. 첫째, 아버지와 아들은 '일치와 투명성'의 관계라는 것입니다. 서로 숨기는 것 없이 유리 알처럼 맑은 관계입니다. 아버지의 뜻이 아들에게 그대로 전달되어 아들이 아버지의 뜻을 온전히 이룹니다.

우리는 "아들은 무엇이든지 아버지께서 하시는 일을 그대로 한다"는 말씀을 여간해서는 실천하지 못합니다. 우리가 경험하는 아버지와 아들의 관계는 예수님의 말씀과 너무나 거리가 멀기 때문입니다. 오늘날 부자 관계는 경제적인 면이 대부분을 차지합니다. 아버지가 아들에게 학비와 생활비를 대 주니 그나마 관계가 끊이지 않고 연결됩니다. 어찌 보면, 아들이 아버지에게 원하는 것은 유산뿐인지도 모릅니다. 어떤 아들은 아버지에게 유산을 빨리 내놓으라고 윽박지르기도 합니다.

그 대표적인 예가 바로 "탕자"입니다. 유산은 아버지가 소천한 후에야 유족들이 나눠 갖는 것이 원칙입니다. 그런데 탕자는 멀쩡히 살아 있는 아버지에게 자기 몫을 미리 달라고 졸라서 받아 내더니 아주 먼 곳으로 가서 자기 마음대로 그 재산을 다 써 버리고 맙니다. 참으로 불행한 부자 관계가 아닐 수 없습니다.

요즘 자녀와의 관계에서 실패하는 바람에 고심하는 아버지들이 많습니다. 아버지를 존경하고, 아버지의 뜻에 맞게 살아가는 자녀도 있지만, 대개는 사춘기를 지나면서 부모에게 대들거나 반항하곤 합니다. 그러면서 아버지와 아들이 서로 사랑하지 못하고, 반목하며 마음에 상처를 입습니다. 대화가 단절되면, 만남이 없어지고, 관계가 소원해집니다. 심하면 관계가 아예 끊어질 수도 있습니다. 안타깝게도, 이런 부자 관계를 주변에서 흔히 볼 수 있습니다.

그러나 예수님과 하나님 아버지와의 관계는 이와 전혀 다릅니다. 하나님의 사랑이 인간의 사랑과 다르듯이, 하나님과 예수님의 관계는 이 땅의 부자 관계와 분명히 다릅니다.

최후의 만찬 날, 빌립이 "주여, 우리에게 아버지를 보여 주십시오. 그러면 저희가 더 바랄 것이 없겠습니다"(요 14:8)라고 간청하자 예수님이 이렇게 대답해 주십니다.

> 빌립아, 내가 그렇게도 오랫동안 너희와 함께 있었는데도 네가 나를 모르느냐? 누구든지 나를 본 사람은 아버지를 본 것이다. 그런데도 네가 어떻게 '우리에게 아버지를 보여 주십시오'라고 말하느냐? 내가 아버지 안에 있고 아버지가 내 안에 계시다는 것을 믿지 못하느냐? 내가 너희에게 하는 말은 내 말이 아니다. 오직 살아 계시는 아버지께서 내 안에 계시면서 자신의 일을 하시는 것이다(요 14:9-10).

예수님의 생각과 말씀과 감정과 행동은 모두 하나님께로부터 나온 것입니다. 예수님은 하나님과의 완전한 일치를 강조하십니다.

> 내가 아버지 안에 있고 아버지께서 내 안에 계시다는 것을 믿어라. 믿지 못하겠거든 내가 행하는 그 일들을 보아서라도 믿어라. 내가 진실로 진실로 너희에게 말한다. 누구든지 나를 믿는 사람은 내가 하는 일들을 그도 할 것이요, 이보다 더 큰 일들도 할 것이다. 그것

은 내가 아버지께로 가기 때문이다(요 14:11-12).

우리의 말과 생각이, 감정과 행동이 예수님과 일치한다면 얼마나 좋을까요? 인간에게는 반항하려는 본성이 있습니다. 타인에게 배타적이고, 독선적이기까지 합니다. 인간 마음에 가장 본질적인 상처는 거절당하는 데서 옵니다. 그래서 인간은 자신을 용납해 주지 않고 거부하는 상대방에 대해 분노와 미움을 갖게 마련입니다.

우리에게 있는 '반항 체질'이 없어지기를 기도해야 합니다. '분노 체질'이 바뀌기를 간구해야 합니다. 마음속에 남아 있는 모든 상처가 봄날에 눈 녹듯이 사라지기를 예수님의 이름으로 축원합니다.

사랑은 미움보다 크고, 포기는 소유보다 강합니다. 예수님 주변에 있던 수많은 사람이 변화했듯이, 우리 자신이 변할 때 주변 사람들도 변한다는 사실을 알아야 합니다.

예수님은 중보 기도에 관해 이렇게 가르쳐 주십니다.

아버지여, 아버지께서 내 안에 계시고 내가 아버지 안에 있는 것같이 그들도 모두 하나가 되게 하시고 그들도 우리 안에 있게 해 아버지께서 나를 보내셨다는 것을 세상이 믿게 하소서. 아버지께서 내게 주신 영광을 내가 그들에게 주었습니다. 이것은 우리가 하나인 것같이 그들도 하나가 되게 하려는 것입니다(요 17:21-22).

여기서 거듭 강조하신 한 가지는 바로 '하나 됨'입니다. 교회는 하나님의 뜻에 따라 목회자와 성도들 간의 비전이 동일해야 합니다. 교회 공동체는 같은 꿈을 꾸고, 한 가지 생각으로 행동해야 합니다. 서로 생각이 다르면, 부부 사이도 복잡해집니다. 부모나 형제 사이도 마찬가지입니다. 그러나 100명이 모여 한마음을 이루면, 1만 명의 힘과 같아지고, 1만 명이 모여 한마음을 이루면, 한 몸처럼 움직입니다.

> 아버지께서는 아들을 사랑하셔서 하시는 일들을 모두 아들에게 보여 주신다. 또한 이보다 더 큰 일들을 아들에게 보여 주셔서 너희를 놀라게 하실 것이다(요 5:20).

하나님은 아들에게 숨기는 것이 없으십니다. 하나님 아버지의 투명성이 우리에게 깊은 신뢰를 줍니다.

아버지는 아들에게 모두 물려준다

둘째, 하나님 아버지와 아들 예수 그리스도의 관계의 진정성은 '부활 능력의 이양'에 있습니다.

> 아버지께서 죽은 사람을 일으켜 생명을 주시는 것같이 아들도 자기

가 원하는 사람들에게 생명을 준다(요 5:21).

우리는 하나님 아버지의 매우 독특하신 성품을 잘 알고 있습니다. 독생자 예수님이 등장하시면, 하나님 아버지께서는 자기 역할을 끝내십니다. 세상에서는 아들이 등장해도 아버지가 자기 역할을 계속 고집하는 바람에 문제가 종종 발생합니다. 권력 계층에서 후계자 전승이 잘되지 않는 것도 그런 이유입니다. 전임자는 모든 일을 후임자에게 넘기고 물러나야 하는데, 영향력을 계속 행사하려다 보니 갈등을 빚게 됩니다.

하나님은 죽은 자를 살리시고, 없는 것을 있는 것같이 부르시는 분입니다. 하나님이 곧 부활의 능력이십니다.

기록되기를 "내가 너를 많은 민족의 조상으로 세웠다"라고 한 것과 같습니다. 아브라함은 그가 믿은 하나님, 곧 죽은 사람을 살리시며 없는 것을 있는 것같이 부르시는 하나님 앞에서 우리의 조상이 됐습니다(롬 4:17).

하나님은 아브라함이 100세가 되자 그에게 약속하신 대로 의학적으로나 생물학적으로 더는 임신 가능성이 없던 사라에게 아기를 잉태하게 하셨습니다. 90세의 사라가 임신할 수 있었던 것은 그분이 부활의 하나님이시기 때문입니다.

아브라함은 100세나 돼 이미 자기 몸이 죽은 것 같고 사라의 태가 죽은 것 같음을 알고도 믿음이 약해지지 않았습니다. 그는 하나님의 약속을 믿고 의심하지 않았고 도리어 믿음이 굳건해져서 하나님께 영광을 돌리고(롬 4:19-20).

불가능을 가능으로 바꾸시는 능력의 하나님, 죽은 것도 다시 살리시는 부활의 하나님이시기에 가능한 일이었습니다.

믿음으로 아브라함은 시험을 받을 때 이삭을 바쳤습니다. 그는 약속들을 받은 사람이면서도 자기 외아들을 기꺼이 바치려 했습니다. 하나님께서 전에 말씀하시기를 "네 자손이라고 불릴 사람은 이삭으로 말미암을 것이다"라고 하셨습니다. 아브라함은 하나님께서 죽은 사람도 살리실 수 있다고 생각했습니다. 그러므로 비유로 말하자면 그는 이삭을 죽은 사람들로부터 돌려받은 것입니다(히 11:17-19).

아브라함은 이삭을 통해 불가능에서 생명을 얻는 경험을 했습니다. 하나님이 이삭을 내놓으라고 하실 때, 아브라함은 '하나님이 이삭을 다시 살리실 것'을 믿었습니다.

예수님의 부활의 능력을 믿는 우리는 죽어도 다시 살아날 것입니다. 인생에서 어떤 고난이나 절망을 만나더라도 충분히 이겨 낼 수 있습니다. 부활의 능력을 믿기 때문입니다.

여기서 중요한 것은 예수님이 인간을 구원하시려고, 육신을 입고 세상에 오셨을 때부터, 하나님이 부활의 모든 권능을 예수님에게 이양해 주셨다는 사실입니다.

인간관계에서 신뢰가 잘 형성되지 않는 이유는 서로 조종하려 들기 때문입니다. 때로는 대리인까지 내세워 상대방을 좌지우지하려고 합니다. 그래서 처음에는 원만한 관계를 유지하는 듯해도 결국 틀어지고 맙니다. 그러나 하나님은 아들을 조종하거나 서로의 입장을 조율하지 않으시고, 부활의 능력을 아들에게 전부 이양하셨습니다.

예수님은 "나는 부활이요, 생명이니 나를 믿는 사람은 죽어도 살겠고"(요 11:25)라고 선언하십니다. 주님이 환자들을 치유하시고, 죽은 자를 살리시며 귀신을 쫓아내실 수 있는 것은 하나님께 부활의 능력을 위임받기 때문입니다. 기적과 부활은 예수님의 것입니다. 누구든지 예수 그리스도를 부르고, 그분 안으로 들어가면 부활과 기적의 능력을 체험할 수 있습니다.

셋째, 아버지와 아들의 관계에서 가장 중요한 것은 '심판 권리의 이양'입니다.

아버지께서는 아무도 심판하지 않으시고 아들에게 모든 심판을 맡기셨다. 이는 모든 사람이 아버지를 공경하는 것같이 아들도 공경하게 하려는 것이다. 아들을 공경하지 않는 사람은 그를 보내신 아버지도 공경하지 않는다(요 5:22-23).

하나님은 예수님에게 '부활의 능력'과 함께 '심판의 권리'도 이양하셨습니다. 구약의 하나님은 죄악이나 불의나 불순종을 친히 심판하셨습니다. 바벨탑 사건이나 노아의 홍수 사건이나 소돔과 고모라의 멸망 등을 통해 익히 보아 온 사실입니다.

하나님은 이스라엘 백성이 불순종하면, 징계를 내리거나 죽게도 하시고, 다른 나라에 포로로 붙잡혀 가게도 하셨습니다. 이방 민족을 멋대로 받아들인 이스라엘에 전염병을 보내 발칵 뒤집어 놓으셨고, 이스라엘을 괴롭힌 이집트는 물론이고 앗시리아, 바벨론, 로마 제국 등을 손바닥 뒤집듯 하루아침에 없애 버리기도 하셨습니다. 하나님이 직접 심판하신 것입니다.

그러나 예수 그리스도께서 세상에 오시자 하나님은 심판 권리를 예수님에게 완전히 이양하시고, 하나님 아버지를 경외하는 사람들의 마음이 독생자 예수께로 향하게 하십니다.

그래도 예수님은 하나님처럼 심판하시지 않습니다. 신약성경에 나타난 예수님의 심판 기준은 하나님과 다릅니다. 누구든지 하나님의 아들을 믿는 자는 구원을 얻지만, 그 아들을 믿지 않는 자는 영원한 심판을 받는다고 말씀하십니다.

하나님께서 세상을 이처럼 사랑하셔서 외아들을 주셨으니 이는 그
를 믿는 사람마다 멸망하지 않고 영생을 얻게 하려는 것이다(요 3:16).

구약의 하나님은 물리적으로 심판하시지만, 신약의 예수님은
심판을 미루고 구원을 베푸십니다.

내가 진실로 진실로 너희에게 말한다. 누구든지 내 말을 듣고 나를
보내신 분을 믿는 사람은 영생이 있고 심판을 받지 않는다. 그는 죽
음에서 생명으로 옮겨졌다(요 5:24).

예수님이 행하시는 심판의 기준은 예수님의 말씀을 듣고, 예수
님을 보내신 분을 믿는가입니다. 그 결과, 믿는 자는 죽음에서 생
명으로 옮겨져 영생을 얻고 심판에 이르지 않게 됩니다.

아버지와 아들처럼 하나 됨이 축복이다

세상에는 알라나 부처를 비롯해 수많은 신이 있습니다. 일본에는
800만여 개의 신이 있다고 합니다. 그러나 하나님은 오직 한 분이
시고, 예수 그리스도는 곧 하나님이십니다.

범신론을 믿는 세상 사람들도 "하나님은 있다"고 대부분 인정합
니다. 하지만 예수님이 하나님의 아들이라는 사실을 말해 주면, 얼

굴을 찡그립니다. 하나님과 예수님이 하나라는 사실을 이해하지 못하기 때문입니다.

> 내가 진실로 진실로 너희에게 말한다. 죽은 사람들이 하나님의 아들의 음성을 들을 때가 오는데 지금이 바로 그때다. 그 음성을 듣는 사람들은 살 것이다(요 5:25).

예수님이 행하시는 심판의 또 다른 기준은 하나님의 아들의 음성을 듣는가입니다.

> 아버지께서는 자기 안에 생명이 있는 것같이 아들에게도 생명을 주셔서 아들 안에 생명이 있게 하셨다. 또 아버지께서는 아들에게 심판할 수 있는 권한을 맡기셨는데 이는 아들이 인자이기 때문이다. 이것에 놀라지 말라. 무덤 속에 있는 모든 사람들이 아들의 음성을 들을 때가 온다. 선한 일을 행한 사람들은 부활해 생명을 얻고 악한 일을 행한 사람들은 부활해 심판을 받을 것이다(요 5:26-29).

이 말씀은 아버지와 아들의 진정한 관계에 관한 정의입니다. 이 말씀을 우리에게 자주 들려주시는 이유는 구원의 은혜도, 부활의 능력도, 심판의 기준도 예수님에게 있음을 알게 하기 위함입니다. 아버지의 영광이 아들의 영광으로, 아버지의 존경이 아들의 존경으로 옮겨지는 것입니다.

예수님의 선포를 들어보십시오.

아버지여, 아버지께서 내 안에 계시고 내가 아버지 안에 있는 것같
이 그들도 모두 하나가 되게 하시고 그들도 우리 안에 있게 해 아버
지께서 나를 보내셨다는 것을 세상이 믿게 하소서. 아버지께서 내
게 주신 영광을 내가 그들에게 주었습니다. 이것은 우리가 하나인
것같이 그들도 하나가 되게 하려는 것입니다(요 17:21-22).

예수님은 세상에 나아가 다른 사람들과 하나가 되라고 우리에
게 말씀하십니다.

예수님의 생각과 감정과 비전과 의지를 내 것으로 삼으십시오.
그래야 예수님 안에서 우리가 서로 하나 될 수 있습니다. 하나님과
예수님이 아버지와 아들 관계로 하나 되신 것처럼 모든 그리스도
인이 하나 될 때, 어떤 역경에 부딪혀도 넉넉히 이기는 능력을 얻
습니다. 아버지와 아들의 기쁨을 전해 받는 축복이 임하기를 기도
합니다.

5

누가 하나님의 아들을
증언하는가?

요한복음 5:30-47

성령 하나님이 증언하신다

예수님이 사람들에게 끊임없이 증언하신 말씀은 '나와 아버지는 하나'라는 것입니다. 주님은 십자가에 못 박혀 죽으실 때까지 "누구든지 나를 본 사람은 아버지를 본 것이다. 그런데도 네가 어떻게 '우리에게 아버지를 보여 주십시오'라고 말하느냐? 내가 아버지 안에 있고 아버지가 내 안에 계시다는 것을 믿지 못하느냐? 내가 너희에게 하는 말은 내 말이 아니다. 오직 살아 계시는 아버지께서 내 안에 계시면서 자신의 일을 하시는 것이다"(요 14:9-10)라고 계속 말씀하십니다.

십자가 처형을 당하신 예수님의 결정적인 죄목은 '자기가 하나님이라고 주장함'입니다. 과연 예수님은 자신의 주장대로 인간 이상의 존재이실까요? 정말로 하나님의 독생자요 삼위일체 하나님이실까요? 그것을 증명할 방법은 무엇일까요?

예수님은 사람들이 주님의 신성을 이해할 수 있도록 세상의 방식대로 쉽게 설명해 주십니다. 예수님의 증언 논리와 법칙의 완전함에 놀라지 않을 수가 없습니다.

나는 아무것도 내 마음대로 할 수 없다. 나는 아버지께 들은 대로

만 심판하기 때문에 내 심판은 공정하다. 이는 내가 내 뜻대로가 아니라 나를 보내신 분의 뜻을 기쁘시게 하려 하기 때문이다. 만약 내가 나 자신에 대해 증언한다면 내 증언은 참되지 못하다(요 5:30-31).

세상의 법정은 객관적이고 확실한 증거 자료를 요구합니다. 증인이나 증거물 없이 심증만으로 피의자를 기소하지 못하도록 조치합니다. 이것은 어느 사회에서나 일반적으로 통용되는 기본 원칙입니다.

마찬가지로 예수님도 "만약 나를 위해 증언한다면 나의 증언은 참되지 않다. 하지만 내가 하나님의 아들이고 인류의 메시아임을 객관적인 네 가지 방법을 통해 증명하겠다"라고 말씀하십니다. 그러고는 자신을 위해 증언하는 네 가지를 말씀하십니다.

첫째, 예수님을 위해 증언하시는 이가 따로 있습니다. 예수님에 관한 그의 증언은 참됩니다.

나를 위해 증언하시는 분이 계시는데 나는 나에 대한 그분의 증언이 참인 것을 안다(요 5:32).

여기서 "증언하시는 분"이란 누구일까요? 언뜻 보면, 성부 하나님으로 생각할 수 있겠지만, 앞뒤 문맥을 자세히 살펴보면 성령님임을 알 수 있습니다.

내가 아버지께 구할 것이니 아버지께서 너희에게 다른 보혜사를 보내셔서 너희와 영원히 함께 있도록 하실 것이다(요 14:16).

예수님은 성령님을 "다른 보혜사"로 표현하시는데, 이는 예수님의 신성을 증언하는 진리의 영이십니다.

하나님께서 보내신 그분은 하나님의 말씀을 전하신다. 그것은 하나님께서 그분에게 성령을 한없이 주셨기 때문이다(요 3:34).

하나님이 보내신 이는 하나님 말씀을 전합니다. 즉 인간의 말을 하는 이는 하나님이 보내신 사람이 아니라는 뜻입니다. 하나님이 보내신 이는 바로 예수 그리스도입니다.

우리가 하나님의 자녀라면 말하고 생각하는 것이 하나님의 뜻에 맞아야 합니다. 하나님의 자녀라고 하면서 세상적인 생각을 하고, 딴소리나 한다면 진정 그분의 자녀가 아닙니다. 하나님은 자기 자녀에게 성령님을 제한 없이 부어 주십니다. 예수님에게도, 우리에게도 성령님을 충만하도록 부어 주십니다.

예수님의 신성을 수학적 공식이나 과학적 방법으로는 증명할 수 없습니다. 오직 진리의 영이 오시면, 그가 영적으로 증언하십니다. 성령님은 우리로 하여금 진리를 깨닫게 하십니다.

그러므로 나는 여러분에게 알려 드립니다. 하나님의 영으로 말하는 사람은 아무도 "예수는 저주받은 사람이다"라고 할 수 없고 또 성령으로 말미암지 않고는 "예수는 주이시다"라고 할 수 없습니다(고전 12:3).

우리는 예수님을 따르고, 주님으로 시인하며 하나님의 아들로 믿습니다. 이성이나 철학이나 경험이나 지식이 아닌 우리 안에 계시는 성령님이 이것을 증언하십니다. 우리 안에 확신을 주시고, "아멘"으로 고백하게 만드십니다.

예수님의 신성을 증언하시는 분은 곧 보혜사 성령 하나님입니다. 성령이 각 사람에 임하시기를 축원합니다. 그래야 예수님이 온 인류의 구원자이시며 하나님의 아들이심을 전인격적으로 받아들일 수 있기 때문입니다. 성경은 "이것을 증언하시는 이는 성령"이시며, "성령은 진리"라고 말합니다(요일 5:6). 법정에서 증인과 증거물을 요구하듯이 예수님의 신성도 증인이 필요한데, 진리의 영이신 성령님이 바로 그 역할을 하십니다.

예수님과의 교제를 직접 체험하는 가장 좋은 방법은 성령님의 증언을 믿는 것입니다. 성령이 우리 안에서 말씀하시는 것을 가리켜 '성령의 내적 증언'이라고 합니다.

예를 들면, 별생각 없이 건성으로 설교를 듣고 성경을 읽으며 찬송하던 사람이 어느 날 갑자기 설교가 들리고, 찬송가의 한 구절이 귀에서 맴돌기 시작합니다. 성령님이 그의 마음을 마침내 '클릭' 하신 덕분입니다. 그때 비로소 우리는 예수님과 진리에 관해 눈을 뜨게 됩니다.

하나님이 친히 증언하시고, 세례자 요한과 말씀이 증언한다

둘째, 세례자 요한이 예수님의 신성을 증언합니다.

> 너희가 요한에게 사람들을 보냈을 때 그가 이 진리에 대해 증언했다(요 5:33).

예수님 시대에 여인이 낳은 자 중에서 가장 위대한 인물은 세례자 요한이었습니다. 그는 모든 사람의 사랑과 존경을 한 몸에 받았습니다. 수많은 사람이 구름 떼처럼 광야로 몰려들어 세례자 요한의 설교를 듣고, 요단강에서 물세례를 받았습니다. 그는 평생 진리를 증언하다가 감옥에 갇혔지만 타협하지 않았고, 결국 목이 잘렸습니다. 예수님을 보고 "세상 죄를 지고 가시는 하나님의 어린양"(요 1:29)이라고 증언하기도 했습니다.

세례자 요한은 자기 제자들에게 예수님의 제자가 되라고 권고했습니다. 그래서 예수님께 가서 제자가 된 사람이 바로 안드레입니다. 세례자 요한은 자신이 "그분의 신발끈을 풀 자격도"(요 1:27)

없다고 고백하며, "그분은 흥해야 하고 나는 쇠해야 한다"(요 3:30)
고 주장했습니다. 하나님의 독생자가 메시아로 오시는데, 자기는
그분의 길을 곧게 하려고 광야에서 외치는 자의 소리에 불과하다
는 것입니다.

　세상의 작은 권력을 가진 사람이 집에 와도 앞마당을 쓸고, 대통
령이 움직이면 경호원들이 분주해지는 법인데, 만왕의 왕이신 하
나님이 이 땅에 오셨어도 알아본 사람은 세례자 요한 한 사람뿐이
었습니다. 그는 예수님의 신성이 진실하다고 증언합니다.

> 내가 이 말을 하는 것은 사람의 증언을 받으려는 것이 아니요, 다만
> 너희로 하여금 구원을 얻게 하려는 것이다(요 5:34).

　예수님의 신성에 관한 세례자 요한의 증언도 힘을 온전히 발휘
하지는 못합니다. 그의 증언으로 말미암아 예수님이 하나님의 아
들이 되신 것은 아니라는 뜻입니다. 또한 그의 증언이 없다고 해서
예수님이 하나님의 독생자가 아닌 것은 결코 아닙니다.

　사실, 예수님의 신성은 세례자 요한의 증언을 필요로 하지 않습
니다. 하지만 예수님이 그의 증언을 언급하시는 이유는 우리에게
구원을 얻게 하려 하심입니다.

> 요한은 타오르면서 빛을 내는 등불이었고 너희는 잠시 동안 그 빛

안에서 즐거워했다(요 5:35).

예수님은 세례자 요한을 가리켜 "타오르면서 빛을 내는 등불"
이라고 말씀하십니다. 사람들이 한꺼번에 예수님께 나아올 수 없
으니 세례자 요한이 접촉점 역할을 하는 것입니다. 그가 등불인 것
이 우리에게 좋은 일입니다. 사방이 깜깜한데 세례자 요한이 등불
이 되어 빛을 내니 사람들이 어렵지 않게 예수님을 발견할 수 있습
니다.

셋째, 예수님이 친히 행하시는 역사가 그분의 신성을 증언합니
다.

> 그러나 내게는 요한의 증언보다 더 큰 증언이 있다. 아버지께서 내
> 게 완성하라고 주신 일들, 곧 내가 지금 하고 있는 일이 바로 아버지
> 께서 나를 보내셨다는 것을 증언한다(요 5:36).

하나님은 인간의 상식과 이성으로는 도저히 이해할 수 없는 역
사를 예수님에게 주셨습니다. 귀신을 쫓아내고, 질병을 고치고, 성
난 바다를 잠잠케 하고, 물 위를 걸으며 죽은 자를 살리는 등의 역
사를 말입니다.

사람들은 예수님이 행하신 기적들을 보고 큰 충격을 받습니다.
기적은 하나님의 임재에 관한 표시이기 때문입니다. 그동안 한 번

도 듣지도 보지도 만지지도 못한 기적들이 행해집니다. 예수님은 나병 환자를 고치시고, 다리 저는 사람을 걷게 하시고, 귀신들을 쫓고, 죽은 나사로를 살리십니다. 니고데모도 예수님이 행하신 기적들을 보고 하나님이 보내신 선생인 줄 안다고 고백합니다.

인간은 모두 부패한 본성을 가진 죄인입니다. 그중 누가 어느 날 갑자기 변해서 10년 후에 목사가 되었다고 칩시다. 그의 어릴 적 모습을 너무나 잘 아는 옛 친구들이 완전히 변해 버린 그의 인생을 어떻게 이해할 수 있겠습니까? 가정이나 학교 교육이 그렇게 만들 수는 없습니다. 예수 그리스도를 믿음으로써 가능한 변화입니다. 세상 사람들이 우리를 보고 하나님이 살아 계시다고 고백한다면, 하나님께 큰 영광을 돌려 드리는 셈입니다.

넷째, 하나님이 친히 예수님의 신성을 증언하십니다.

그리고 나를 보내신 아버지께서도 친히 나에 대해 증언해 주신다. 너희는 그분의 음성을 들은 적도 없고 그분의 모습을 본 적도 없다. 또한 그분의 말씀이 너희 안에 있지도 않다. 이는 너희가 아버지께서 보내신 이를 믿지 않기 때문이다(요 5:37-38).

문제는 하나님을 실제로 보거나 만져 본 사람이 없다는 사실입니다. 하나님이 친히 예수님을 증언하신다는 멋진 말씀을 사람들은 믿지 못합니다. 왜냐하면 그들 안에 하나님 말씀이 없기 때문입니다.

하나님은 사람의 눈에 보이지 않습니다. 그분의 실재는 인간에게 선포하신 말씀 속에 있습니다. 인간의 실재 또한 마찬가지입니다. 말은 돌덩이에서 나오거나 하늘에서 떨어지지 않습니다. 사람의 입에서 말이 나옵니다. 그러므로 말이 곧 그 사람의 인격입니다. 그렇기 때문에 천박한 말이나 욕을 해서는 안 됩니다. 만약 누군가가 욕을 한다면, 자기 자신에게 하는 셈이고, 화를 낸다면 자신에게 화를 내는 셈입니다.

우리는 하나님을 볼 수도, 들을 수도, 만질 수도 없습니다. 하나님을 아는 유일한 방법은 그분이 하신 말씀을 기록한 성경을 읽는 것입니다. 말씀이 곧 하나님입니다.

하나님 말씀에 귀를 막고 눈을 감는다면, 하나님이 예수님의 신성에 관해 증언하시는 것을 알 길이 없습니다.

너희가 성경 안에서 영생을 얻을 수 있다는 생각에 성경을 열심히 연구하는구나. 성경은 바로 나를 증언하고 있다(요 5:39).

하나님 말씀이 예수 그리스도의 신성을 증언합니다. 그래도 우리는 여전히 예수님을 믿기 어려워하고, 마음에 확신을 갖지 못합니다. 지능이나 지식이 높다고 해서 예수님을 잘 믿게 되는 것은 아닙니다. 산전수전을 다 겪어 본 노인이라고 해서 예수님을 한눈에 알아보는 것도 아닙니다. 성경, 곧 하나님 말씀을 듣거나 읽어서 깨달아야만 예수님을 믿을 수 있습니다.

믿지 못하는 이유를 뒤집어 보라

사람들이 예수님의 신성을 믿지 못하는 이유는 무엇일까요? 예수님은 여섯 가지 이유를 말씀하십니다. 첫째, 사람들은 예수님께 스스로 나아가기를 원하지 않기 때문입니다.

> 그러나 너희는 생명을 얻기 위해 내게로 오려고 하지 않는다. 나는 사람들에게서 영광을 받지 않는다(요 5:40-41).

밥상에 앉아야 밥을 먹을 수 있습니다. 배고프다고 소리 질러 봐야 먹을 것이 입 속으로 들어가지 않습니다. 잘 차려진 밥상을 구경하고 냄새 맡는다고 해서 배가 불러지는 것도 아닙니다. 배가 고프면 밥을 먹어야 하듯이, 예수님의 신성을 알려면, 예수님께 가까이 나아가야 합니다. 그런데도 사람들은 예수님께 나아가지 않습니다.

둘째, 그들 안에 하나님을 사랑하는 마음이 없기 때문입니다.

> 나는 너희가 하나님을 사랑하는 마음이 없다는 것을 안다(요 5:42).

인간은 하나님을 필요로 하면서도 하나님을 사랑하는 마음은 없습니다. 돈이 떨어져야 아버지를 찾는 자녀와도 같습니다. 아버지를 사랑히는 것이 아니라 아버지의 돈을 사랑하는 것입니다. 마찬가지로, 사람은 절박한 상황에 처하면, "하나님, 한 번만 살려 주세요"라고 부르짖지 "하나님, 사랑합니다"라고 고백하지 않습니다.

셋째, 그들 마음속에 진리보다는 거짓 메시아를 좇는 소망이 있기 때문입니다.

> 내가 내 아버지의 이름으로 왔는데 너희는 나를 영접하지 않고 있다. 그러나 누군가 다른 사람이 자기 이름으로 오면 너희는 영접할 것이다(요 5:43).

세상에 돈을 싫어하는 사람은 없는 듯합니다. "하나님, 저는 하나님보다는 돈이 더 필요합니다." 이것이 인간 내면 깊숙이 자리 잡고 있는 솔직한 욕망입니다. 그래서 참 메시아보다는 자신의 욕망을 마음껏 채워 줄 것 같은 거짓 메시아를 기다립니다.

넷째, 그들은 하나님의 영광을 구하지 않고, 인간의 영광을 구하기 때문입니다.

> 너희는 서로 영광을 주고받으면서도 정작 유일하신 하나님으로부

터 오는 영광은 얻으려고 하지 않으니 어떻게 믿을 수 있겠느냐?
(요 5:44).

하나님을 믿는 믿음은 겉치레에 불과하고, 실제로는 예수님을
믿지 않는 것입니다.

다섯째, 그들은 모세오경, 즉 하나님 말씀을 모르기 때문입니다.

그렇다고 내가 아버지 앞에서 너희를 고소하리라고는 생각하지 말
라. 너희를 고소하는 사람은 너희가 소망을 두고 있는 모세다. 만약
너희가 모세를 믿었다면 나를 믿었을 것이다. 모세가 나에 대해 기
록했기 때문이다(요 5:45-46).

하나님 말씀을 깨달은 사람은 예수님을 믿지 않고선 못 버팁니
다. 성경은 모세가 믿지 않는 자들을 하나님께 고소한다고 말합니
다.

여섯째, 그들은 모세오경을 믿지 않고, 예수님의 말씀도 믿지 않
기 때문입니다.

그러나 너희가 모세의 글을 믿지 않는데 어떻게 내 말을 믿겠느
냐?(요 5:47).

인제부터 예수님의 신성을 믿지 않는 여섯 가지 이유를 뒤집어서 생각해 봅시다. 그러면 예수님의 신성을 믿게 되는 여섯 가지 비결을 알 수 있습니다.

첫째, 예수님께로 가까이 나아가야 합니다. 둘째, 하나님을 이용하지 말고, 사랑해야 합니다. 셋째, 거짓 메시아에 관한 환상을 버리고, 참 메시아를 받아들여야 합니다. 넷째, 인간의 영광이 아닌 하나님의 영광을 구해야 합니다. 다섯째, 자기 생각에 빠지지 말고, 모세오경의 메시지를 상고해야 합니다. 여섯째, 예수님의 말씀에 귀 기울여야 합니다.

이 여섯 가지를 실천한다면, 현실 위에 믿음의 뿌리를 내리고, 어떤 위기나 문제가 들이닥쳐도 충분히 이겨 낼 힘을 얻을 것입니다. 무엇보다도 예수님의 신성을 진정으로 인정할 수밖에 없게 될 것입니다.

하나님의 아들의 능력을 믿는 축복이 임하기를 기도합니다.

하나님 말씀이 예수 그리스도의 신성을 증언합니다. 그래도 우리는 여전히 예수님을 믿기 어려워하고, 마음에 확신을 갖지 못합니다. 지능이나 지식이 높다고 해서 예수님을 잘 믿게 되는 것은 아닙니다. 산전수전을 다 겪어 본 노인이라고 해서 예수님을 한눈에 알아보는 것도 아닙니다. 성경, 곧 하나님 말씀을 듣거나 읽어서 깨달아야만 예수님을 믿을 수 있습니다.

2부

우리 믿음에서 나오는 능력

요한복음 6:1-71

하나님은 우리가 할 수 없는 일을 우리에게 강요하시지 않습니다.
우리가 가진 시간, 환경, 능력 안에서 최선을 다하라고 하실 뿐입니다.
우리가 '최선의 것'을 드리면, 예수님은 그것으로 기적을 일으키십니다.

6

최선을 드리니
최고를 주십니다

요한복음 6:1-14

이성과 합리를 뛰어넘어야 기적을 본다

성경은 여호와를 기뻐하면, 우리 마음의 소원을 이루어 주신다고 말합니다(시 37:4). 실제로 우리가 하나님을 기뻐하고 찬양하면, 하나님이 우리에게 온갖 것을 베풀어 주십니다.

예수님은 이스라엘의 고위 관료이자 지성인인 니고데모에게 거듭남의 진리를 말씀해 주셨고, 사마리아 수가 마을의 남편을 다섯이나 두었던 여인에게는 영원히 목마르지 않을 샘물, 즉 구원에 관한 진리를 말씀해 주셨습니다. 또한 베데스다 연못가에 38년간이나 절망 속에 누워 있던 환자에게 "일어나 네 자리를 들고 걸어가거라"라고 말씀하시며 치유의 기적을 베푸셨습니다.

이제 우리는 "보리빵 다섯 개와 물고기 두 마리"로 5,000명을 배불리 먹이고도 남은 조각을 열두 바구니에 거두신 사건을 살펴볼 것입니다.

요한복음 3-6장의 말씀을 유심히 살펴보면, 아주 재미있는 것을 발견합니다. 3장부터 4장은 예수님이 인간 영혼에 깊은 관심이 있으심을 기록하고 있습니다. 빈부의 차이나 지위 고하를 막론하고, 예수님은 모든 영혼에 관심이 있으십니다. 5장에는 38년 된 환자를 고치신 사건이 기록되어 있고, 6장에는 굶주린 사람들을 배불리 먹이신 기적이 기록되었습니다.

결과적으로, 3장부터 6장까지의 말씀을 전체적으로 조명해 보면 "예수님은 인간의 필요를 아시고, 채워 주시는 분"임을 알게 됩니다. 예수님은 인간의 영적 필요뿐 아니라 물질적인 필요까지도 채워 주시는 분입니다.

사람은 누구나 육체적·정신적·영적으로 많은 문제를 갖고 있습니다. 인생의 덫에 걸려 빠져나오지 못해 괴로워하고 방황합니다. 그때 예수님이 우리 필요를 아시고, 우리를 고치시며 회복시켜 주십니다.

이 일이 있은 지 얼마 후에 예수께서 갈릴리 바다, 곧 디베랴 바다 건너편으로 가셨습니다. 그러자 환자들에게 표적을 베푸시는 것을 본 많은 무리가 예수를 따랐습니다(요 6:1-2).

예수님이 가는 곳마다 사람들이 구름 떼처럼 몰려들었고, 며칠씩 주님을 따라다녔습니다. 그들이 예수님을 찾아온 이유는 구원을 받기 위함도, 영적 진리를 배우기 위함도 아닙니다. 예수님이 병든 사람들을 고치시는 기적을 보고 충격을 받아서 호기심에 몰려든 것입니다. 사람들이 몰려든다고 다 좋은 것은 아니라는 사실을 알 수 있습니다. 사람들에게 인기가 많다고 전부 진리인 것은 아니라는 뜻입니다.

예수님은 며칠씩 자신을 따라다니느라 끼니마저 거르고 많이 지쳤을 무리를 보십니다. 훗날 그들은 예수님을 십자가에 못 박는 데 결정적인 역할을 할 테지만, 지금은 이리저리 왔다 갔다 하면서 목적 없이 움직이는 허깨비에 불과한 무리입니다. 여론은 바람처럼 왔다가 사라지기 마련입니다. 예수님은 목자 없이 방황하고 있는 무리를 불쌍히 여기십니다.

> 예수께서는 산에 올라가서 제자들과 함께 앉으셨습니다. 그때는 유대 사람의 명절인 유월절이 가까운 때였습니다(요 6:3-4).

갈릴리 해변에서 조금 높은 언덕에 올라가면, 많은 사람이 앉을 수 있는 평지가 나옵니다. 해질 무렵에 예수님이 빈 들에 계시는 모습이 성경에 기록되어 있습니다(마 14:15; 막 6:35 참조). 그곳에서 예수님은 허기에 지친 무리를 보시고 먹을 것을 줘야겠다고 생각하십니다.

나는 이 말씀에서 언제나 큰 은혜를 받습니다. 예수님은 '영적인 것'만을 주시는 분이 아닙니다. 배고픈 사람은 먹이시고, 병든 사람은 치유해 주시고, 헐벗은 사람에게는 입을 것을 주십니다. 이것이 예수님의 마음입니다.

예수님을 믿든 안 믿든, 다른 종교를 가졌든 안 가졌든 상관없이, 사람이라면 병든 자를 돌아보고, 소외되고 외로운 사람의 필요를 채워 줄 줄 알아야 합니다.

> 예수께서 눈을 들어 많은 사람이 자기에게로 몰려오는 것을 보시고 빌립에게 말씀하셨습니다. "우리가 어디에서 빵을 사서 이 사람들을 먹이겠느냐?"(요 6:5).

예수님은 자기에게로 몰려오는 큰 무리를 보시고, '저들을 어떻게 먹일까'에 관심을 두십니다. 그래서 제자 빌립에게 "이 사람들이 배가 고파서 지쳐 있지 않으냐? 이들을 모두 먹이려면 어떻게 하는 것이 좋겠느냐?"고 물으십니다.

"우리가 어디에서 빵을 사서 이 사람들을 먹이겠느냐?"는 예수님의 물음에는 몇 가지 의미가 담겨 있습니다. 첫째, 예수님은 헐벗고 굶주린 사람들에게 관심을 기울이십니다.

둘째, 해가 지는 저녁 시간에 5,000명 분량의 빵을 준비할 수 있는 가게가 있을 리 없습니다. 가게가 있더라도 그 많은 분량을 언제 준비하며, 돈은 또 어디서 구하겠습니까? 예수님은 빌립에게 빵을 사 오라고 말씀하신 게 아닙니다. 그를 시험하고자 물으신 것입니다. 신앙생활을 하다 보면 이런 시험을 종종 받게 됩니다. 때로는 안 되는 줄 뻔히 아시면서도 "어떻게 하면 좋을까?" 하고 물으십니다.

예수께서는 빌립이 어떻게 하나 보시려고 이렇게 질문하신 것일 뿐, 사실 자기가 하실 일을 미리 알고 계셨습니다. 빌립이 예수께 대답했습니다. "한 사람당 조금씩만 먹는다고 해도 200데나리온어치의 빵으로도 모자랄 것입니다"(요 6:6-7).

빌립은 대단히 이성적이면서도 과학적인 합리적인 답을 내놓습니다. 그것은 도저히 안 되는 일이라는 것입니다. 그의 대답은 일리가 있긴 하지만, 예수님이 기대하신 정답은 아닙니다. 그때 베드로의 동생 안드레가 불쑥 나섭니다.

제자들 중 하나이며 시몬 베드로의 동생인 안드레가 말했습니다. "여기 한 소년이 보리빵 다섯 개와 물고기 두 마리를 가지고 있습니다. 그러나 이렇게 많은 사람들에게 그게 얼마나 소용이 있겠습니까?"(요 6:8-9).

여기서 우리는 세 가지 사실을 알 수 있습니다. 첫째, 안드레는 이성적이며 합리적인 방안을 제시하지 않습니다.

둘째, 안드레는 어떤 아이에게 보리빵 다섯 개와 물고기 두 마리가 있다고 예수님에게 고합니다. 사실을 있는 그대로 예수님께 말씀드린 것입니다. 우리에게는 국가적 빈곤, 부정부패와 같은 큰 문제들을 해결할 능력이나 지혜나 방법이 없습니다.

셋째, 안드레도 빌립처럼 소년의 도시락이 그 많은 사람에게 무슨 소용 있을까 하고 속으로 고개를 절레절레 젓습니다.

빌립과 안드레는 믿음의 방식에서 차이를 보입니다. 곧 이성의 차이입니다. 빌립은 누구나 공감할 수 있는 합리적인 말을 하지만, 해답은 주지 못합니다. 안드레는 비이성적인 생각이긴 하지만, 주님이 원하시면 어떤 기적이라도 일어날 것을 믿고 그 상황에서 최선을 구합니다.

하나님은 우리가 할 수 없는 일을 우리에게 강요하시지 않습니다. 우리가 가진 시간, 환경, 능력 안에서 최선을 다하라고 하실 뿐입니다. 우리가 '최선의 것'을 드리면, 예수님은 그것으로 기적을 일으키십니다.

빌립의 믿음은 비관적이고 부정적인 반면에 안드레의 믿음은 희망적이고 긍정적입니다. 말도 안 되는 일이지만, 주님이라면 해내실 것이라고 생각합니다. 빌립은 예수님의 결정을 알아차리지 못했지만, 안드레는 예수님의 뜻을 읽고 있습니다.

기적은 하나님의 뜻과 말씀으로 일어나는 것이지, 인간이 계획한다고 일어나는 것이 아닙니다. 예수님은 허기진 무리를 먹일 것을 결정하셨고, 안드레는 그 뜻을 충분히 읽었습니다. 그래서 주님은 안드레가 내놓은 최선의 것을 받으시고, 그것을 매개로 큰 기적을 베푸십니다.

주님의 결정에 대한 반응이 곧 믿음이다

신앙생활에서 조심해야 할 것이 있습니다. 무조건 금식하며 "믿습니다"를 외친다고 해서 만사형통이 이루어지는 것은 아니라는 사실을 알아야 합니다.. "주님, 이 사람을 살려 주실 줄 믿습니다"라고 목청껏 외쳐도, 주님의 뜻 없이는 기적이 일어나지 않습니다. 모두 사람의 생각과 기대와 희망 사항일 뿐입니다.

우리는 자신의 기대와 희망을 믿음으로 착각하기 쉽습니다. 하지만 믿음이란 주님의 결정에 대한 반응입니다. 올바로 반응하려면 주님의 마음과 뜻을 읽을 줄 알아야 합니다.

예수님은 사람들을 보시고 "눈을 들어 들판을 보라. 이미 곡식이 익어 추수할 때가 됐다"(요 4:35)고 하시면서 죽어 가는 많은 영혼을 불쌍히 여기십니다. 이때 '제가 이 백성을 구원하고 싶습니다' 하고 주님의 마음에 동의한다면, 기적을 볼 것입니다. 이것이 선교입니다. 막연히 원한다고, 선교가 되지는 않습니다. 선교는 사람이 하는 것이 아닙니다. 주님의 뜻과 계획에 사람이 응답해야 가능합니다.

사람이 교회를 세우는 것이 아닙니다. 주님은 이미 교회에 관한 계획을 세우고 계십니다. 그러면서 각 사람에게 "네가 할 수 있느냐?"고 물으며 시험해 보시는 것입니다. 주님이 계획하시면 모든 것이 가능해집니다. "가진 것은 보리빵 다섯 개와 물고기 두 마리뿐이지만, 주님의 계획에 동참하겠습니다"라고 고백한다면, 주님이 5,000명을 먹이시는 기적을 보게 될 것입니다.

교회가 어떤 일을 하게 되는 것은 목사가 좋은 아이디어를 떠올린 덕분이 아닙니다. 교회는 주님이 원하시는 것을 알고, 주님이 움직이시는 방향으로 뛰어들 뿐입니다. 그럴 때, 안 될 것 같은 상황에서도 하나님이 역사하셔서 기적이 일어납니다. 이것이 하나님의 방법이고, 믿음입니다.

마가복음 6장에서 재미있는 사실을 한 가지 더 발견합니다.

그러자 예수께서는 사람들을 모두 풀밭에 무리를 지어 앉히라고 제자들에게 지시하셨습니다. 그래서 사람들은 100명씩, 50명씩 무리를 지어 앉았습니다(막 6:39-40).

예수님이 기적을 베푸시는 방법은 굉장히 조직적이고 합리적이라는 사실을 알 수 있습니다. 교회에서 믿음으로 일할 때도 조직적으로 합리적으로 일을 추진해야 합니다. 주먹구구식으로 하는 것은 믿음이 아닙니다.

예수께서는 빵을 들고 감사기도를 드리신 후 앉아 있는 사람들에게 원하는 만큼씩 나눠 주셨습니다. 물고기를 가지고도 똑같이 하셨습니다(요 6:11).

예수님은 사람들에게 무리를 지어 50명 혹은 100명씩 앉도록 하시고 "물고기와 보리빵을 가져오라"고 한 뒤에 축복하십니다. 기적은 예수님의 축복으로 이루어집니다. 기적은 원한다고 일어나는 것이 아니라, 우리가 하나님의 축복에 동참할 때 일어납니다. "하나님의 뜻이 있음을 믿습니다"라고 고백하는 것이 믿음입니다.

예수님은 빵을 가지고 축사하신 뒤에 무리에게 나눠 주라고 하십니다. 성경에는 더 이상의 말씀이 없습니다. 곧이어 5,000명이 배불리 먹었다고 기록되어 있습니다. 어떤 과정을 거쳐 사건이 진행되었는지는 자세히 알 수 없지만, 구약에 등장하는 기름병처럼 빵과 물고기가 계속 공급되었을 것입니다.

후히 베풀되 남은 것은 모아 두라

하나님의 방법대로 일어나는 기적과 부흥을 사람들은 잘 이해하지 못합니다. 그러나 인간의 개념이나 공식에 맞지 않아도 하나님의 기적은 항상 일어납니다.

그들이 모두 배불리 먹은 뒤에 예수께서 제자들에게 말씀하셨습니다. "남은 것은 하나도 버리지 말고 모아 두라." 그리하여 그들이 남은 것을 모아 보니 보리빵 다섯 개로 먹고 남은 것이 12바구니에 가득 찼습니다(요 6:12-13).

예수님이 5,000명을 먹이신 사건만큼이나 위대한 메시지가 또 있습니다. 예수님은 5,000명을 배불리 먹이신 후에 "남은 것은 하나도 버리지 말고 모아 두라"고 말씀하십니다. 이것이 예수님의 경제 원칙입니다. 먹고 남은 조각을 버리지 않고, 모았더니 열두 바구니에 찼다고 성경은 기록합니다.

서울 사람들이 먹고 남아도는 음식으로 우리나라의 굶는 사람을 모두 먹일 수 있습니다. 미국, 유럽, 일본 사람들이 버리는 음식을 모으면 전 세계 기아 문제를 해결할 수 있습니다. 인간의 죄악은 '포식'하려는 데 있습니다. 진창 먹고 마시며 낭비한 후에 남는 것은 버립니다.

예수님은 굶주린 사람들을 먹이는 일에 기적을 아끼지 않으십니다. 그리고 먹고 남은 '부스러기'를 버리지 않으십니다. 그리스도인은 조건 없이 후히 베풀어야 합니다. 헌금을 하고, 학교를 세우고, 병원을 지어야 합니다. 그리고 남은 것은 모아야 합니다.

어떤 사람은 돈을 써야 할 곳에는 쓰지 않고, 엉뚱한 곳에 씁니다. 돈을 필요로 하는 곳에는 돈을 쓰지 않는 깍쟁이 같은 사람들도 있습니다. 고가의 사치품을 구입할 때는 물 쓰듯 하면서도 생필품을 살 때는 절약합니다. 콩나물 값은 마구 깎으면서도 백화점에서 파는 명품은 흥정도 않고 구매합니다. 정작 퍼 주어야 할 곳에는 인색하게 구는 것이 우리 모습입니다.

그러나 예수님은 "퍼 줄 때 듬뿍 주되 남은 것을 아끼라"고 말씀하십니다.

사람들은 예수께서 행하신 표적을 보고 말했습니다. "이분은 이 세상에 오신다던 그 예언자가 틀림없다"(요 6:14).

많은 사람이 "이분은 이 세상에 오신다던 그 예언자"라고 고백합니다. 우리도 예수님처럼 세상에 감동을 줄 수 있어야 합니다.

5,000명을 배불리 먹이신 예수님, 먹고 남은 조각을 열두 바구니에 거두신 예수님을 찬양합니다. 하나님은 기적이 아까워서 우리에게 베풀지 않으시는 분이 아닙니다. 오늘도 더욱 풍성하게 주시려고, 우리를 부르시는 분이 바로 우리 하나님이십니다.

7

기적의 발소리는
가만히 귀 기울여야 들립니다

요한복음 6:15-21

광풍은 그리스도의 제자들을 삼키지 못한다

예수님이 보리빵 다섯 개와 물고기 두 마리로 5,000명을 배불리 먹이시고, 남은 조각을 열두 바구니나 모으게 하신 기적을 목격한 사람들이 예수님을 왕으로 삼으려고 달려듭니다. 그러나 주님은 그들의 생각과 동기를 아시고, 그들의 환호에 답하지 않으십니다.

> 예수께서는 그들이 와서 강제로 자기를 왕 삼으려 한다는 것을 아시고 혼자서 다시 산으로 올라가셨습니다(요 6:15).

이때 상황을 마가복음 6장은 조금 다르게 설명합니다. 예수님이 사람들의 생각을 알아채시고, 즉시 제자들을 재촉하여 갈릴리 바닷가로 내려가 배를 타고 건너편으로 가라고 말씀하셨다고 말합니다.

예수님의 놀라운 기적을 맛본 사람들이 주님을 쫓지만, 주님은 그들에게 휘둘리지 않으시고 그들을 해산시키신 뒤에 홀로 산에 오르십니다. 예수님이 큰 기적을 베푸시고 나서 사람들을 피해 홀로 산에 올라 조용히 기도하시는 모습을 성경 곳곳에서 찾아볼 수 있습니다. 예수님은 사람들의 환호를 위기의 신호로 여기시고, 그

때마다 무리를 흩고 홀로 묵상하며 성찰의 시간을 보내십니다.

살다 보면 높이 올라갈 때도 있고 깊이 떨어질 때도 있습니다. 사람들에게 인기가 높을 때, 박수를 받을 때, 하던 일이 잘 풀릴 때면 예수님을 기억해야 합니다.

제자들은 예수님의 말씀에 순종하여 곧바로 바닷가로 내려가 배를 타고 건너편 가버나움으로 이동합니다.

날이 저물자 예수의 제자들은 바다로 내려갔습니다. 거기서 그들은 배를 타고 바다를 건너 가버나움으로 향했습니다. 날은 이미 어두워졌고 예수께서는 아직 그들이 있는 곳으로 오시지 않았습니다 (요 6:16-17).

성경은 당시 상황을 세 가지로 설명합니다. 첫째, 제자들은 해가 저물 때 배를 타고 가버나움으로 출발합니다. 해가 지는 저녁을 상상해 보십시오. 대도시에 사는 사람들은 가로등 불빛에 익숙하니 칠흑 같은 어둠은 경험해 본 적이 별로 없을 것입니다. 밤이 되면, 서울의 한강 변은 오히려 더 밝고 휘황찬란해집니다. 하지만 시골에서는 해가 지면 불빛을 찾아보기가 어렵습니다. 제자들은 해가 지고 난 뒤에 어둠이 깔려 아무것도 볼 수 없는 상황에 놓여 있습니다. 사방을 보지 못하니 불안하다는 뜻입니다.

둘째, 제자들이 배를 타고 갈릴리 바다 한복판에 들어서자 캄캄한 밤이 됩니다. 어둠 속에 있으면 불빛이 필요합니다. 주변이 보이지 않아 사물을 분간할 수 없기 때문입니다.

셋째, 예수님은 제자들과 함께 계시지 않습니다. 어두워서 무섭더라도 예수님이 함께하시면 모든 게 괜찮을 텐데 말입니다.

겁먹은 채로 불안에 떠는 제자들의 모습을 상상할 수 있습니다. 이어서 벌어지는 상황은 설상가상입니다. 갑자기 생각지도 않은 큰바람이 불더니 광풍으로 돌변해 배를 뒤집을 듯이 크게 흔든 것입니다. 아무리 노를 열심히 저어도 소용없는 상태입니다.

세찬 바람이 불어 물살이 거세어졌습니다(요 6:18).

성경은 제자들이 탄 배는 이미 육지에서 꽤 멀리 떨어졌고, 거친 바람으로 파도에 시달려야 했다고 자세히 묘사합니다(마 14:24). 뭍은 먼데, 어둠 속에서 강한 바람이 배를 뒤흔드는 위기 상황입니다. 아무리 노를 저어도 배가 바람에 부딪혀 제자리걸음만 하고 있습니다. 예수님은 "제자들이 강한 바람 때문에 노 젓느라 안간힘을 쓰는 모습을 지켜보셨습니다"(막 6:48).

우리도 살다가 종종 이런 경험을 하기 마련입니다. 신앙생활을 잘하다가도 어느 날 갑자기 예수님이 곁에 계시지 않는 것처럼 느껴질 때가 있습니다. 생각지도 못한 순간에 광풍을 만난 것입니다. 모든 일이 잘 진행되는 듯했는데, 갑자기 정체기에 들어가기도 합니다.

> 그들이 노를 저어 한 25-30스타디온쯤 갔을 때에 예수께서 물 위
> 를 걸어서 배 쪽으로 다가오시는 것이 보였습니다. 그들은 두려웠
> 습니다(요 6:19).

마태복음과 마가복음의 도움을 받으면, 이 장면을 좀 더 자세히
살펴볼 수 있습니다. 마가복음에는 아무리 노를 저어도 앞으로 나
아가지 못하는 제자들의 악전고투하는 모습을 예수님이 산 위에
서 내려다보셨다는 사실이 기록되어 있습니다. 매우 독특한 기록
입니다. 산 정상에서는 갈릴리 바다를 내려다볼 수 있습니다. 예수
님은 풍랑을 만나 고생하는 제자들을 보시고 새벽 3시에 바다 위
를 걸어 제자들에게 가십니다.

홀로 산에 오르신 예수님은 제자들을 위해 기도하셨을 것입니
다. 지금도 주님은 우리를 위해 기도하십니다. 우리가 고난을 당해
힘들어할 때, 우리를 위해 기도하며 지켜보십니다. 주님은 결코 우
리를 외면하거나 잊지 않으십니다. 예수님은 지금 제자들이 바다
에서 고생하는 것을 지켜보십니다. 유대 사람들이 던지는 돌에 맞
아 스데반이 죽게 됐을 때도 예수님은 '하나님 오른편에 서서' 스
데반을 지켜보고 계셨습니다. 스데반의 순교를 외면하지 않으신
것입니다. 예수님은 우리가 당하는 모든 억울함을 친히 보고 계십

니다.

그리고 가만히 계시지 않고 도움을 주기 위해 친히 찾아오십니다. 예수님은 결정적인 순간에 물 위를 걸어 제자들에게 오십니다.

그런데 요한복음 6장 19절을 보면, 제자들은 의외의 반응을 보입니다. 예수님이 물 위를 걸어오시는 것을 보고 두려워합니다. 예수님을 '유령'으로 생각한 것입니다. 새벽 3시에 바다 위를 걸어오는 사람을 보고, 어떻게 예수님인 줄 알았겠습니까? 상상도 못할 일입니다. 그들의 모습이 우리와 너무나 닮았습니다.

의심하지 않는다면 물 위를 걸으리라

이 사실을 좀 더 깊이 생각해 보면 아주 재미있습니다. 어제저녁에 보리빵 다섯 개와 물고기 두 마리로 5,000명이 먹는 기적을 목격한 제자들이 몇 시간 지나지 않아 그 사실을 까맣게 잊은 것입니다. 더욱이 예수님은 남은 것을 버리지 말고 거두라고 말씀하셔서 열두 바구니나 모았습니다. 아마도 그것들을 배에 실었을 것입니다. 그 바구니들이 명백한 증거인데도 제자들은 예수님의 존재를 인식하지 못하고 있습니다.

사람은 다급한 상황에 맞닥뜨리면 일순간 모든 것을 잊어버리곤 합니다. 은혜와 기적과 축복을 잊고, 오직 현실에 발목이 잡혀 절망으로 빠져듭니다. 그래서 희망을 잃어버리고 가능성을 닫아

버립니다.

그러나 예수님은 살아 계셔서 기적을 베풀어 주십니다. 지금 우리가 어려움을 겪고 억울한 일을 당하며 이해되지 않는 일을 겪는다고 해서 주님이 없어지신 것은 아닙니다. 우리 주 예수 그리스도는 유령이 아닙니다. 새벽에도 물 위를 걸어 제자들을 도우러 오는 분이십니다.

출애굽기 16장에도 비슷한 이야기가 있습니다. 모세의 인도로 홍해를 건넌 이스라엘 백성이 다시 불평하기 시작하는 이야기입니다. 홍해를 무사히 통과했을 때 그들은 얼마나 기뻐하고 감격의 눈물을 흘렸을까요? 그러나 감격의 눈물에 속지 말아야 합니다. 사람은 더러 자기 믿음에 도취할 때가 있기 때문입니다.

이스라엘 백성이 홍해를 건너 광야에 도착한 지 얼마 지나지 않아 먹을 것이 떨어졌습니다. 그러자 그들은 순식간에 돌변했습니다. 모세와 아론에게 "당신들이 우리를 이 광야로 끌고 나와 이 온 회중이 다 굶어 죽게 생기지 않았습니까!"(출 16:3)라며 심하게 불평했습니다. 이스라엘 백성은 홍해가 갈라지는 기적을 목격하고도 그것을 삶에 적용하지 못한 것입니다.

위기에 처했을 때는 과거에 하나님이 베풀어 주신 은혜를 기억해야 합니다. 오늘날 우리 기도에 응답하시고, 우리를 지켜 주시는 하나님의 신실하심과 사랑을 잊지 말아야 합니다. 그분은 어제나 오늘이나 영원토록 변함이 없고 동일하십니다. 오병이어의 기적으로 5,000명을 먹이고 남은 것을 열두 바구니에 거두신 예수님은 우리를 외면하시지 않습니다.

지금 고난을 겪고 있더라도, 그것은 하나님이 우리를 잊으신 탓이 결코 아닙니다. 능력이 없어서 기적을 베풀지 않으시는 게 아닙니다. '하나님의 시간'을 기다리고 계실 뿐입니다. 하나님은 새벽 3시에 물 위를 걸어서라도 소중히 여기시는 자녀들을 찾아오시는 분입니다.

> 그러자 예수께서 그들에게 말씀하셨습니다. "나다. 두려워하지 말라"(요 6:20).

예수님의 "나다. 두려워하지 말라"는 말씀은 무한한 안도감과 평안함을 줍니다. 우리에게 어떤 허물과 실수가 있더라도, 해석되지 않는 환경의 어려움이 있더라도 주님은 반드시 구하러 오십니다. 내 실수를 하나님보다 더 가혹하게 대하는 존재는 곧 나 자신입니다. 하나님은 용서하시는데 정작 자기 자신은 용서하지 못할 때가 많습니다. 그러나 주님은 우리의 약함을 아시고 모든 죄를 용서해 주십니다.

예수님은 "너희는 마음에 근심하지 말라. 하나님을 믿고 또 나를 믿으라"(요 14:1)라고 말씀하십니다. 또한 "수고하고 무거운 짐을 진 모든 사람은 다 내게로 오라. 내가 너희를 쉬게 할 것이다"(마 11:28)라고 표현합니다. 예수님은 병든 자를 만나 조건 없이 치유해 주시며 "네 죄가 사함을 받았다"고 말씀하십니다. 아무 조건도 걸지 않으시고, 어떤 대가도 요구하지 않으십니다. 무조건 사랑을 베푸십니다.

마태복음 14장에는 요한복음 6장에 없는 내용이 담겨 있습니다. 예수님이 물 위를 걸어오시는 것을 본 제자들이 "유령이다" 하며 놀라자, 주님은 "나다. 두려워하지 말라"고 말씀하십니다. 그 순간 베드로가 "주여, 정말로 주시면 제게 물 위로 걸어오라고 하십시오"(마 14:28)라고 말합니다. 주님이 이것저것 따지지 않으시고 "오너라"(마 14:29)라고 말씀하시니 베드로가 물 위로 발을 내딛고 걷습니다.

그런데 마태복음 14장 30절을 보면, 베드로는 바람을 보더니 겁을 먹었고, 그 순간 물에 빠지고 맙니다. 그가 다급한 목소리로 "주여, 살려 주십시오!"라고 외치자 예수님이 즉시 손을 내밀어 잡아 주시면서 "믿음이 적은 사람아, 왜 의심했느냐?"(마 14:31)라고 말씀하십니다. 그리고 베드로를 이끌어 배에 올리십니다.

여기서 재미있는 사실을 발견합니다. 사람은 물 위에서 살지는 못해도 잠깐 떠 있을 수는 있습니다. 기적이 계속되면 그것은 '자연 현상'이 됩니다. 우리는 이상한 일을 겪으면 "해가 서쪽에서 뜨겠네"라고 말합니다. 하지만 해가 매일 서쪽에서 뜬다면 이상할 것이 없어집니다. 기적은 어쩌다 한두 번 일어나는 것이기에 신기하고 말 그대로 기적이 됩니다. 사실, 모든 자연 현상이 기적입니다.

예수님이 배 위에 오르셨다니 얼마나 안심이 되는지 모릅니다. 신앙은 물 위를 걷는 일이기도 하지만 본질적으로 땅 위에서 살아가는 일입니다. 예수님이 베드로를 데리고 다시 배에 오르신 장면을 보면 안도감이 듭니다. 우리 신앙생활의 현주소는 배 위, 곧 땅 위에 있습니다. 그러나 물 위에 있어야 할 때도 있고 물 위를 걸어가야 할 때도 있습니다.

> 그러자 그들은 기꺼이 예수를 배 안으로 모셨습니다. 배는 곧 그들이 가려던 땅에 도착했습니다(요 6:21).

예수님이 배에 타시자 바람이 그치고, 파도가 잠잠해집니다. 모든 것이 정상으로 돌아온 것입니다.

예수님은 언제 어디서든 가까이 계신다

예수님이 물 위를 걸으신 사건을 통해, 우리는 몇 가지 교훈을 배울 수 있습니다. 첫째, 인생에는 생각지 못한 폭풍과 파도가 있을 수 있습니다. 믿음이 좋다고 역경이 없는 것은 아닙니다. 기도를 아무리 많이 해도, 위기는 누구에게나 찾아올 수 있습니다. 예수님께도 위기는 많았습니다. 마귀가 예수님을 찾아와 얼마나 유혹하고 공격했는지 모릅니다. 심지어 예수님을 십자가에 못 박는 공격까지 감행했습니다.

인생이 늘 장밋빛일 수는 없습니다. 때로는 자녀가 병에 걸릴 수도 있고, 감당할 수 없을 것 같은 큰일을 만날 수도 있습니다. 다른 사람들에게 말할 수 없는 어려움이 인생의 고비마다 도사리고 있습니다. 선인이든 악인이든 누구에게나 고난은 있기 마련입니다. 예견된 고난도 있지만, 예기치 않은 고난도 있음을 알아야 합니다.

둘째, 우리가 고난을 겪을 때 예수님은 우리를 외면하시지 않습니다. 부모는 자녀가 아프면 그 곁을 떠나지 못하고 자리를 지킵니다. 하나님도 마찬가지십니다. 우리가 어렵고 힘들 때 하나님이 더욱 가까이 계시다는 사실을 명심하십시오.

셋째, 예수님은 결정적인 순간에 나타나십니다. 지금 주님이 나타나시지 않는 것은 모든 상황이 '괜찮다'는 의미입니다. 희망을 잃어버리지 않으면 예수님은 반드시 나타나십니다.

우리가 기도하는 것은 좌절하지 않고 살아 있다는 증거입니다. 그러나 주님이 보시기에 아직도 스스로 뭔가 해 보려고 노력하는 것 같을 때에는 조용히 기다리십니다. 숨이 넘어가려고 할 때까지 기다렸다가 찾아오십니다. 초자연적인 방법으로 일을 이루시는 분이기 때문입니다.

넷째, 예수님은 언제든지 기적을 베푸실 수 있습니다. 예수님이 베드로를 물 위로 걷게 하신 것은 우리로 하여금 기적을 누리게 하시기 위해서입니다. 예수님은 인간으로 오신 하나님입니다. 그러므로 우리는 예수님께 기도하는 것을 쉬지 말고, 예수님께 기대하는 것을 포기하지 말아야 합니다. 사람은 우리를 실망시켜도 주님은 결코 우리를 실망시키시지 않습니다.

마지막으로, 예수님은 기적을 베푸시지만 기적 안에 머물러 있지 않고 일상으로 돌아오십니다. 우리는 은혜를 받으면 기적 안에서 살고 싶어 하지만, 주님은 그것을 원하지 않으십니다. 그러나 안심하십시오. 주님은 가정이든 직장이든 우리가 있어야 할 곳에서 우리를 지켜주십니다.

누군가가 '하나님에 대해 눈을 떴다'는 것은 자연 현상의 은총에 눈을 떴다는 말입니다. 모든 것이 감사요 축복이요 은혜입니다. 은혜의 삶에 충분히 잠기지 못할 때, 하나님이 특별히 기적을 베푸셔서 은혜의 삶으로 들어가게 하십니다.

"시계와 톱밥"에 관한 이야기를 들어본 적이 있나요? 어떤 사람이 톱밥이 쌓인 곳에서 놀다가 귀한 시계를 잃어버렸습니다. 아무리 뒤져도 시계를 찾을 수 없었습니다. 그가 "내 시계를 찾아 주는 사람에게 후사하겠다"고 하자 많은 사람이 갈퀴로 톱밥을 헤집었습니다. 그런데도 아무도 시계를 찾지 못했습니다. 사람들이 잠시 쉬려고 흩어졌을 때, 한 꼬마가 들어가더니 금방 시계를 찾아 나오는 것이 아닙니까! 사람들이 "꼬마야, 어떻게 시계를 찾았니?" 하고 묻자 아이가 대답합니다.

"쉬워요. 가만히 귀를 기울이고 있었더니 째깍째깍 소리가 나던 걸요."

너무 분주하게 살면, 아무것도 들리지 않고, 아무것도 보이지 않습니다. 가만히 하나님의 음성에 귀를 기울여 보십시오. 모든 것이 달라질 것입니다. 주님이 예비해 두신 큰 복이 가까이 다가오고 있음을 깨닫게 될 것입니다.

8

우리가 어떻게 하면
하나님의 일을 하겠습니까?

요한복음 6:22-29

하나님의 은혜는 상상을 초월한다

요한복음 6장에는 두 가지 중요한 사건이 있습니다. 하나는 예수님이 보리빵 다섯 개와 물고기 두 마리로 굶주린 5,000명을 배불리 먹이신 것입니다. 또 하나는 무리를 피해 배를 타고 갈릴리 바다 건너편으로 가던 제자들이 풍랑을 만나 대여섯 시간 동안 죽도록 고생하고 급기야 절망적인 위기에 빠진 제자들을 위해, 새벽 3시에 예수님이 물 위를 걸어오셔서 제자들을 구원하신 것입니다.

첫 번째 사건으로 무리가 충격을 받고, 두 번째 사건으로는 제자들이 충격을 받습니다. 매우 허기졌다가 갑자기 배불리 먹게 된 사람들은 예수님을 향해 전례 없는 관심과 흥미를 나타내기 시작합니다. 심지어 "예수를 우리 왕으로 삼자!"고 외치며 선동할 정도로 예수님의 인기가 치솟습니다. 사람들은 하룻밤을 지내고 잠에서 깨어나자마자 더 열정적으로 예수님을 찾습니다. 예수님께 좀 더 가까이 다가가려고 하고, 그 옷자락이라도 한번 만져 보려고 야단입니다.

그다음 날 건너편 바닷가에 남아 있던 많은 사람들은 그곳에 배가 한 척밖에 없었던 것과 예수께서 제자들이 탄 배에 오르시지 않고 제자들끼리 건너갔다는 것을 알았습니다. (그때 디베랴로부터 온 몇 척의 배가 주께서 감사기도를 드리고 사람들에게 빵을 먹이셨던 그곳 가까이에 닿았습니다)(요 6:22-23).

아침이 되자 무리는 생각에 잠깁니다. 간밤에 제자들은 배를 타고 갈릴리 바다 건너편으로 먼저 떠나고 예수님은 분명히 자신들과 함께 있었는데, 아침에 일어나 보니 그분이 보이지 않습니다. 건너편 바닷가에는 제자들이 타고 떠났던 배 한 척이 정박해 있을 뿐입니다. 도대체 예수님은 어디로 가셨단 말인가! 예수님이 보리빵 다섯 개와 물고기 두 마리로 축사하신 후 5,000명을 먹이셨다는 소문을 듣고 많은 사람이 모여들었는데, 그들이 보고 싶어 하는 예수님이 사라지신 것입니다.

그 사람들은 예수나 제자들이 모두 그곳에 없다는 사실을 알고 다시 배를 타고 예수를 찾으러 가버나움으로 갔습니다. 그들은 바다 건너편에서 예수를 발견하고 물었습니다. "랍비여, 언제 여기에 오셨습니까?"(요 6:24-25)

요즘 젊은이들이 연예인이나 운동선수들을 정신없이 따라다니는 것처럼, 당시 큰 무리도 예수님을 찾아 배를 타고 갈릴리 바다를 건널 정도로 열정적이었습니다. 마침내 그들은 가버나움으로

가 바다 건너편에서 예수님을 만납니다. 그리고 너무 애가 탔던 나머지 따지듯이 "예수님, 왜 여기 계십니까? 언제 여기에 오셨습니까?"라고 묻습니다.

그들의 질문에서 두 가지 사실을 알 수 있습니다. 첫째, 무리가 잠든 사이에 무슨 일이 일어났습니다. 예수님은 새벽 3시에 물 위를 걸어서 위기에 빠진 제자들을 구하셨습니다. 이것은 무리가 잠자는 동안 상상치 못한 일이 많이 일어났다는 것을 의미합니다.

우리가 잠들어 아무것도 알지 못하는 시각에도 세계 곳곳에서 쿠데타나 전쟁, 테러 등 많은 사건이 발생합니다. 하룻밤 자고 일어나서 아침에 "밤새 안녕하셨습니까?"라는 인사를 나누는 것이 우리 삶입니다. 우리가 영적으로 졸거나 자고 있을 때도 하나님은 끊임없이 역사하십니다.

성경은 "이스라엘을 지키시는 그분은 졸지도 않으시고 주무시지도 않으신다"(시 121:4)라고 말합니다. 누명을 쓰거나 고통을 당하거나 어려움을 겪게 되면, 우리는 흔히 "하나님은 뭐하시는가? 주무시는가?"라고 말합니다. "하나님은 왜 나의 고통을 모르시는가? 하나님이 살아 계신다면 이럴 수가 있는가?"라고 의문을 품습니다. 하지만 말씀을 통해 알 수 있듯이 하나님은 졸지도 주무시지도 않습니다. 하나님의 때에, 주님의 시간에 우리를 찾아오려고 준비하고 계십니다. 우리가 알 수 없는 방법으로 우리를 사랑하시고, 늘 지켜보고 계십니다.

성경은 "그러나 우리가 아직 죄인이었을 때 그리스도께서 우리를 위해 죽으심으로 하나님께서는 우리에 대한 그분의 사랑을 나타내셨습니다"(롬 5:8)라고 말합니다. 우리가 하나님도 예수님도 몰랐던 2,000년 전에 그분은 우리를 위해 십자가에 못 박혀 죽으셨습니다. 우리가 하나님에 대해 전혀 모르고 있을 때에도 주님은 우리를 이미 아셨고, 우리가 주님을 사랑하지 않았을 때도 그분은 우리를 이미 사랑하고 계셨습니다.

하나님의 은혜는 인간의 상상을 초월합니다. 그분은 인간의 상상력 안에서만 존재하시는 분이 아니고, 우리 믿음으로만 존재하시는 분도 아닙니다. 믿음이 없는 사람에게도 은혜를 내리고 사랑을 베푸시는 분입니다.

썩어 없어질 양식을 좇지 말라

둘째, 사람들이 예수님을 열성적으로 찾는 동기는 영적인 데 있지 않고, 동물적인 욕구에 있습니다.

> 예수께서 대답하셨습니다. "내가 진실로 진실로 너희에게 말한다. 너희가 나를 찾는 까닭은 표적을 보았기 때문이 아니라 빵을 먹고 배가 불렀기 때문이다"(요 6:26).

사람들이 유명인에게 환호성을 지르고, 기쁨의 눈물을 흘리는 것은 그들에게서 진리나 가치를 발견했기 때문이 아닙니다. 그런 종류의 환호성은 사라지는 바람과도 같고, 한순간에 꺼져 버릴 거품과도 같습니다. 그런데 사람들은 종종 그런 현상을 진리로 착각하곤 합니다.

그러나 예수님은 자신을 열정적으로 찾는 사람들의 환호성에 속지 않으십니다. 그들이 예수님을 찾는 까닭은 표적을 보고 진리를 알며 참된 구원을 얻으려 함이 아니라 "빵을 먹고 배가 불렀기 때문"이라고 말씀하십니다.

사람은 고난을 당하면, 본색을 드러내기 마련입니다. 힘들고 어려운 일이 닥치면 모였던 무리가 거품처럼 사방으로 뿔뿔이 흩어져 버립니다. 또는 높은 지위에 올라 권력과 돈을 소유하면, 모든 것을 이루었다는 착각에 빠집니다. 하지만 진리를 아는 사람들은 고난이 닥치고 핍박이 심해질수록 더욱 뭉칩니다.

어쩌면 우리는 거짓 환상을 붙잡고, 그것이 영원히 자신 것인 양 착각하며 살고 있는지도 모릅니다. 그것이 부질없는 환상임을 깨닫는 순간에 곧 절망하고 좌절하게 됩니다. 그런데도 환상에서 헤어나오지 못하고, 오히려 비겁하게 굴거나 천박해지기까지 합니다.

우리 믿음을 자세히 살펴보면, 겉으로는 영적으로 보여도, 내면 깊숙한 곳에는 상당히 동물적이고 육적이며 성적이고 물질적인 것을 알 수 있습니다. 그것을 그대로 내놓으면 창피하니까 미사여구로 합리화하고 포장합니다. 예수님이 이것을 지적하십니다.

사람들은 군중 심리에 휘말려 쉽게 착각에 빠지곤 합니다. 교회 건물이 커지고 사람들이 많이 모이면, 목사도 성도들도 '우리 교회는 참 괜찮다'는 착각에 빠집니다. 교회는 이 부분을 깊이 성찰해야 합니다. 건물이 크고, 성도가 많고, 프로그램이 다양하다고 해서 '좋은 교회'라고 할 수는 없습니다. 유명 인사가 출석하고, 헌금이 많이 걷히니 '좋은 교회'라는 공식은 성립하지 않습니다. 유서 깊은 교회가 반드시 좋은 교회인 것도 아닙니다. 하나님 앞에서 깊이 성찰해야 하는 이유가 바로 여기에 있습니다.

진정한 교회는 영적으로 성령 충만하며 거룩합니다. 유행에 따라 흔들리지 않고, 어떤 경우에도 진리와 말씀 위에 굳게 서서 모든 고난을 이겨 냅니다. 한마디로, 진짜 교회란 순교적인 믿음이 있는 영적 공동체라고 할 수 있습니다.

> 썩어 없어질 양식을 위해 일하지 말고 영생하기까지 남아 있을 양식을 위해 일하라. 인자가 너희에게 이 양식을 줄 것이다. 아버지 하나님께서 인자를 인정하셨기 때문이다(요 6:27).

예수님은 "썩어 없어질 양식을 위해 일하지 말라"고 말씀하십니다. 성경은 인간의 배를 채우는 양식을 '썩어 없어질 것'이라고 규정합니다. 썩어 없어질 양식은 먹어 봐야 먹을수록 배가 고픕니다. 먹고 또 먹고 또 먹어야 하는 것이 썩어 없어질 양식입니다. 우리는 삼시 세끼 썩어 없어질 양식을 먹기 위해 일생을 바쳐 경쟁하며 살아갑니다.

썩어 없어질 양식은 우리만이 아니라 동물도 먹습니다. 그러므로 썩어 없어질 양식만을 좇는다면 동물과 별다를 바 없습니다.

가끔 우리는 동물들의 아름다운 모습을 보고, 자연의 신비를 느끼며 탄성을 자아냅니다. 그러나 그 움직임을 자세히 들여다보면, 그 초점은 오로지 하나에 맞추어져 있습니다. 바로 먹이입니다. 사자나 표범이 빠르게 달리는 이유는 먹이를 잡기 위해서입니다. 한쪽 다리를 들고 고고하게 서 있는 학도 개구리가 옆에 지나가면 순식간에 돌변하여 부리나케 부리로 낚아챕니다. 동물 세계에는 생존과 번식, 두 가지 목적만이 있을 뿐입니다.

인간 세계도 두 가지로 요약할 수 있습니다. 사람도 동물처럼 본능적인 욕구에 따라 삽니다. 예수님은 그런 사람들을 가리켜 "썩어 없어질 양식을 위해 사는 사람"이라고 말씀하십니다.

그런데 인간의 비극은 썩어 없어질 양식조차 없어서 배를 주리는 사람이 전 세계 인구의 절반이 넘는다는 사실에 있습니다. 굶주린 사람은 먹을 것을 보면 체면이고 뭐고 잊어버린 채 야수처럼 달려들게 됩니다. 지상에서 가장 추악한 자는 먹을거리로 사람들을 조종하는 자입니다. 또한 가장 추악한 정치는 식량을 담보로 힘겨

루기를 하는 것입니다.

예수님은 "인생의 목표를 썩어 없어질 양식에 두지 말라"고 하십니다. 인생의 참된 목표는 영생하도록 있는 생명의 양식을 구하는 것입니다. 인간의 육신은 썩어 없어질 양식을 필요로 합니다. 그러나 인간의 영혼은 '영원한 생명의 양식'을 필요로 합니다.

우리는 육신을 위해 썩어 없어질 양식을 구하느라 최선을 다합니다. 그런데 영혼을 위해서는 주님이 주시는 생명수와 생명의 빵을 얻기 위해 얼마나 노력하고 애쓰는지 스스로 돌아봐야 합니다.

은혜와 믿음이냐, 행위와 공로냐

성경은 영생의 양식을 주시는 분을 '인자'로 표현합니다. 인자는 하나님의 아들이요, 인간의 아들입니다. 영생의 양식을 주시는 분은 곧 예수 그리스도이십니다.

예수님이 사마리아 수가 마을의 여인에게 "이 물을 마시는 사람마다 다시 목마를 것이다"(요 4:13)라고 말씀하신 물은 야곱의 우물에서 길은 물을 말합니다. 하지만 예수님이 주시는 생수를 마시면 영원히 목마르지 않을 것입니다. 예수님이 곧 생명수이시기 때문입니다. 또한 예수님은 생명의 빵이십니다. 예수님은 자기 살을 찢어서 우리에게 주셨습니다. 예수님은 영원한 생명수이시고 생명의 빵이십니다.

그런 의미에서 예수님을 믿는다는 것은 예수님을 먹고 마시는 것이라고 할 수 있습니다. 진리를 알고 이해하는 것뿐 아니라 진리를 먹는다는 뜻입니다. 우리 지성이 능력이 없고 나약한 까닭은 객관적인 지식에 불과하기 때문입니다. 피와 살이 되지 못하는 철학이나 사상이나 지식은 흘러가는 구름과도 같이 부질없습니다. 언제나 변할 수 있고, 언제든 우리를 배신할 수 있습니다.

참되고 영적인 것은 내 안에서 피가 되고 살이 되며 그리스도와 '연합'을 이룹니다. 참진리가 내 몸 안에 들어와 예수님이 내 안에, 내가 예수님 안에 있게 되는 것입니다. 이것이 바로 '믿음의 빵'입니다. 예수님은 "내가 너희에게 영원히 목마르지 않을 생수를 주고 생명의 빵을 주겠다. 나를 먹는 자는 영원히 목마르지 않고 배고프지 않을 것이다"라고 말씀하십니다.

우리는 당시 예수님을 따라다니던 무리처럼 되지는 말아야 합니다. 예수님의 생명이 생각 안에 자리 잡고, 인생 전체에 자리 잡아야 삶이 변합니다. 그래야 세상에서 환란을 당해도 넉넉히 이겨 낼 수 있습니다. 감정에 휘둘려 착각하는 대신에 예수 그리스도의 십자가와 부활을 굳게 붙잡는 믿음을 가져야 합니다.

그러자 그들이 예수께 물었습니다. "우리가 어떻게 하면 하나님의 일을 하겠습니까?"(요 6:28).

인간이 항상 관심을 두는 것은 행동, 행위입니다. 인간 죄성의 근원에는 언제나 '행위'와 '공로 의식'이 자리 잡고 있습니다. 선한 행위로써 구원을 얻고 보상을 받으려는 의식이 깊이 내재해 있습니다. 행함으로 만족과 기쁨을 누리려고 하고, 자신을 정당화하려는 불신앙의 태도가 우리 마음에 깊이 뿌리 내리고 있습니다.

어떤 젊은이가 예수님을 찾아와 "내가 무엇을 행해야 영생을 얻을 수 있습니까?" 하고 물었던 것처럼, 무리가 예수님에게 "우리가 어떻게 하면 하나님의 일을 하겠습니까?"(요 6:28)라고 물었습니다. 이때 예수님의 대답이 매우 놀랍습니다.

예수께서 대답하셨습니다. "하나님의 일이란 바로 하나님께서 보내신 이를 믿는 것이다"(요 6:29).

이 말씀은 요한복음 3장 16절이나 시편 23편처럼 성경의 '황금률'에 해당하는 매우 값지고 놀라운 메시지입니다. 하나님의 일을 다른 말로 하면, '사역'입니다. 예수님은 "하나님의 아들을 믿는 것이 곧 하나님의 일"이라고 말씀하십니다. 즉 하나님의 일은 행위가 아닌 은혜요 믿음입니다.

예수님은 항상 은혜와 믿음에 관해 말씀하시는데, 인간은 늘 행위와 공로에 관해 말합니다. 갈라디아서와 로마서는 이를 주제로 삼고 있습니다. 사람은 처음에는 은혜로 예수님을 믿다가 짧으면

1년, 길면 3년 안에 행위로 돌아갑니다. 새벽기도에 나와야 은혜 받는다, 전도해야 은혜 받는다, 헌금을 해야 구원받는다고 주장하며 '행위'에만 집착합니다. 은혜가 무엇인지 모른 채, 주님과 '주고받기'를 통해 거래하려고 하는 것입니다. "하나님, 내가 이만큼 했으니까 이만큼 해 주십시오"라는 태도는 모두 행위와 관계된 것입니다. 급기야 "나는 하나님께 공을 들였는데 하나님은 나한테 무엇을 해 주셨습니까?"라고 따지게 됩니다.

그러나 예수님은 '하나님의 일은 그분이 보내신 독생자를 믿는 것'이라고 말씀하십니다. 하나님의 일이란 예수님이 하신 모든 일을 받아들이고 믿는 것을 의미합니다. 예수님은 십자가를 지심으로써 모든 인간의 죄를 깨끗이 씻으셨습니다. 또 인간을 위해 부활하셔서 첫 열매가 되셨습니다. 승천하시어 천국을 보증하신 주님이 장차 이 땅에 다시 오실 것입니다. 이런 진리를 믿는 것이 바로 하나님의 일입니다.

결국, 믿음이란 예수님이 하신 모든 일이 개인에게로 옮겨지는 것을 뜻합니다. 예수님의 십자가 사건을 믿는다면, 모든 죄를 용서받은 것입니다. 예수님의 부활을 믿는다면, 승리를 보장받은 것입니다. 주님의 열정과 사랑과 능력과 용서와 비전을 소유하게 되기 때문입니다. 이것이 바로 '믿음'입니다. 믿음으로 말미암아 예수님이 하신 모든 일이 개인에게로 옮겨지고, 그것은 곧 축복이요 은혜가 됩니다.

예수님은 "썩어 없어질 양식을 위해 일하지 말고 썩지 않는 생명의 양식을 위해 일하라"고 말씀하십니다. 그리고 하나님의 일이란 그분이 보내신 아들을 믿는 것입니다. 우리는 진리를 앎으로써 믿음을 더욱 확고히 할 수 있습니다.

9

하나님께 나아오는 사람은
결코 내쫓지 않으십니다

요한복음 6:30-40

영생하기까지 남아 있을 양식을 위해 일하라

예수님은 자신을 따라다니는 무리에게 "너희가 나를 따라오는 것은 빵을 먹고 배부른 까닭이다. 그러나 나는 너희가 알지 못하는 영생의 양식을 주고 싶다"고 말씀하십니다. 예수님이 주시는 '영생의 양식'은 사람이 매일 먹는 양식과는 전혀 다른 것입니다. 우리는 땅에서 나는 썩어 없어질 양식을 매일 먹습니다. 우리가 먹는 음식의 가장 큰 특징은 자꾸 먹어도 배가 고프고, 만족함이 없다는 것입니다.

예수님은 사마리아 수가 마을의 한 여인에게도 비슷한 말씀을 하셨습니다.

> 이 물을 마시는 사람마다 다시 목마를 것이다. 그러나 내가 주는 물을 마시는 사람은 영원히 목마르지 않을 것이다. 내가 주는 물은 그 사람 안에서 계속 솟아올라 영생에 이르게 하는 샘물이 될 것이다 (요 4:13-14).

예수님은 대낮에 물을 길러 우물에 온 그 여인에게 "이 물을 마시는 사람마다 다시 목마를 것이다. 그러나 내가 주는 물을 마시는 사람은 영원히 목마르지 않을 것이다"라고 말씀하십니다. 주님이 주시는 물은 그 속에서 영생하도록 솟아나는 샘물이 될 것이라고 강조하십니다. 한 번 마시면 영원히 목마르지 않을 샘물이 있듯, 한 번 먹으면 영원히 배고프지 않을 양식이 있습니다.

성경은 "썩어 없어질 양식을 위해 일하지 말고 영생하기까지 남아 있을 양식을 위해 일하라. 인자가 너희에게 이 양식을 줄 것이다. 아버지 하나님께서 인자를 인정하셨기 때문이다"(요 6:27)라고 말합니다.

이 말씀에서 세 가지 양식을 떠올릴 수 있습니다. 바로 우리가 매일 먹는 "썩어 없어질 양식"과 이스라엘 백성이 광야에서 먹었던 "만나"와 "영생하기까지 남아 있을 양식"입니다.

인간은 평생 매일 먹어도 결국 죽음을 맞이하게 됩니다. 성경은 인간이 매일 먹는 음식을 '썩어 없어질 양식'이라고 말합니다. 이 양식에는 몇 가지 특징이 있습니다.

첫째, 썩어 없어질 양식은 인간의 생존을 위해 절대적으로 필요합니다. 오로지 먹이 사냥과 종족 번식 행위만 있는 동물 세계에서도 마찬가지입니다.

둘째, 인간은 썩어 없어질 양식을 매일 먹어야 합니다. 하루라도 거르면 생존에 문제가 생깁니다. 그러나 음식이 아무리 많아도 자신이 먹은 것밖에는 소화하지 못하는 게 한계입니다.

셋째, 썩어 없어질 양식을 얻기 위해 땀 흘리는 대가를 치러야 합니다. 하나님은 선악과의 유혹을 떨치지 못한 아담에게 "네가 일평생 수고해야 땅에서 나는 것을 먹을 것이다. 땅은 네게 가시 덤불과 엉겅퀴를 내고 너는 밭의 식물을 먹을 것이다. 네가 흙에서 취해졌으니 흙으로 돌아갈 때까지 네 얼굴에 땀이 흘러야 네가 음식을 먹을 것이다. 너는 흙이니 흙으로 돌아갈 것이다"(창 3:17-19) 라고 선포하셨습니다.

인간은 이마에 땀 흘리며 수고한 만큼만 양식을 얻을 수 있습니다. 거저 얻을 수는 없습니다. 그러다 보니 세상은 식량을 차지하기 위해 경쟁하며 때로 전쟁까지도 불사합니다. 결국, 전쟁이란 인간의 '먹이 쟁탈전'인 셈입니다.

꽃으로 장식된 식탁에 앉아 우아하게 음식을 먹으며 고상한 대화를 나눈다고 하더라도 결국은 먹는 일에 관심이 집중됩니다. 양식의 본질은 인간의 주린 배를 채워 주는 데 있습니다. 그래서 예수님은 이것을 "썩어 없어질 양식"이라고 말씀하십니다.

인간은 몇 끼니만 걸러도 목숨이 위태로워지는 존재이지만, 예수님은 양식이 인생의 목표가 아님을 강조하십니다. 썩어 없어질 양식을 인생의 목표로 삼고, 그것을 위해 일하지 말라고 명령하십니다. 먹이를 얻기 위해 사는 인생은 동물과 다를 바 없습니다. 다른 사람의 밥줄을 쥐고 마음대로 흔드는 것은 사악한 행위입니다. 목숨이 달린 문제이기 때문입니다.

또 다른 양식이 있는데, 구약 시대에 있었던 '만나'입니다. 오늘날 먹어 볼 수는 없지만, 하나님이 초자연적인 방법으로 이스라엘 민족에게 주셨던 양식입니다. 만나는 아주 독특하고 놀라운 음식입니다.

성경은 만나에 관해 이렇게 기록합니다.

> 이스라엘 백성들이 그것을 보고 서로 "이게 무엇이냐?"고 했습니다. 이스라엘 백성들은 그것이 무엇인지 몰랐던 것입니다. 모세는 이스라엘 백성들에게 말했습니다. "여호와께서 너희에게 먹으라고 주신 것이다. 여호와께서 명령하셨다. '각 사람이 필요한 만큼 거두라. 너희 장막에 있는 사람 수대로 한 사람당 1오멜씩 가져가라'고 하셨다"(출 16:15-16).

이스라엘 백성은 이집트에서의 430년 노예 생활을 청산하고, 모세를 따라 이집트를 탈출해 홍해를 건너 광야에 도착합니다. 그리고 젖과 꿀이 흐르는 약속의 땅으로 들어가기 전에 광야에서 40년간 살게 됩니다.

마실 물도, 먹을 음식도, 잠잘 데도 없는 곳이 광야입니다. 이스라엘 백성이 먹을 것이 없다며 불평하자 하나님은 그들에게 독특한 양식인 만나를 주어 40년 동안이나 먹게 하셨습니다.

그러자 그들이 예수께 다시 물었습니다. "그러면 우리가 보고 믿을 수 있도록 어떤 표적을 보이시겠습니까? 무슨 일을 하시려는 것입니까? 우리 조상들은 광야에서 만나를 먹었습니다. 성경에 이렇게 기록됐습니다. '그분은 하늘에서 빵을 내려 그들에게 먹게 하셨다'"(요 6:30-31).

그들의 질문은 이것입니다. 조상들이 광야에서 만나를 먹었는데, 만약 예수님이 메시아라면 어떤 표적으로 그들에게 믿음을 주시겠느냐는 것입니다. 즉 먹을 것이 없는 광야에서 하나님은 조상들에게 하늘에서 만나를 내려 주셨는데, 예수님은 그들에게 무엇을 주실 수 있느냐고 물었습니다.

예수께서 말씀하셨습니다. "내가 진실로 진실로 너희에게 말한다. 하늘에서 빵을 내려 준 분은 모세가 아니다. 오직 내 아버지께서 하늘로부터 참된 빵을 너희에게 내려 주시는 것이다"(요 6:32).

당시 사람들은 선조들이 광야에서 먹었던 만나를 알고 있었습니다. 그들은 예전에 조상들이 광야에서 독특한 음식을 먹었는데 모세가 준 만나였다고 말합니다. 이에 대해 예수님은 "만나는 모세가 준 것이 아니라 하나님이 내려 주신 것"이라고 정정해 주십니다.

만나에는 세 가지 특징이 있습니다. 하나, 하나님은 일용할 양식으로 만나를 주셨습니다. 다른 음식은 일하고 노력한 결과로 얻지만, 만나는 하나님이 은혜로 거저 주시는 것입니다.

둘, 하나님은 만나를 매일 내려 주셨습니다. 우리가 귀찮아도 매일 음식을 먹어야 하듯이, 만나를 매일 주셔서 가족의 수대로 거두게 하셨습니다.

셋, 만나는 매일 먹는 양식과 똑같은 성격의 음식입니다. 만나를 먹는다고 해서 영생하지는 않습니다. 이스라엘 백성은 40년간 만나를 먹었지만 모두 죽었습니다. 만나는 하나님의 은혜로 주어졌지만, 사람들에게 영생을 주지는 못했습니다.

만나는 영원한 생명의 빵을 예표합니다. 구약의 이스라엘 백성은 하나님이 은혜로 주시는 만나를 먹으면서 장차 이 땅에 오시어 영원한 생명의 빵을 주실 메시아를 바라봐야 했습니다.

참진리를 믿지 않으려는 어리석음

썩어 없어질 양식과 만나에 이어 "영생하기까지 남아 있을 양식"이 있습니다.

"하나님의 빵은 하늘에서 내려와 세상에 생명을 주시는 것이다." 그들이 말했습니다. "주여, 그 빵을 항상 우리에게 주십시오"(요 6:33-34).

예수님은 영생하는 양식을 위해 살라고 말씀하십니다. 생명을 주는 양식은 하늘에서 내려오는 하나님의 빵입니다. 하나님의 빵은 썩어 없어질 양식이나 만나와 달리 세상에 영원한 생명을 줍니다.

예수님의 말씀을 듣고 사람들은 이 빵을 달라고 요구합니다. 사마리아 수가 마을의 여인이 "선생님, 제게 그 물을 주십시오. 제가 목마르지도 않고 다시는 물 길러 여기까지 나오지 않게 해 주십시오"(요 4:15)라고 간구한 것과 같습니다. 사람들도 "그 빵을 항상 우리에게 주십시오"라고 요청합니다.

> 그러자 예수께서 그들에게 말씀하셨습니다. "내가 바로 생명의 빵이다. 내게 오는 사람은 결코 배고프지 않고 나를 믿는 사람은 결코 목마르지 않을 것이다"(요 6:35).

예수님은 자신이 바로 그 생명의 빵임을 밝히십니다.

요한복음에는 이와 비슷한 유형의 말씀이 많이 기록되어 있습니다. 예수님은 "내가 주는 물은 그 사람 안에서 계속 솟아올라 영생에 이르게 하는 샘물이 될 것이다"(요 4:14), "내가 바로 생명의 빵이다"(요 6:35), "나는 세상의 빛이다"(요 8:12), "나는 양의 문이다"(요 10:7), "나는 부활이요, 생명이니 나를 믿는 사람은 죽어도 살겠고 살아서 나를 믿는 사람은 영원히 죽지 않을 것이다"(요

11:25-26), "나는 길이요, 진리요, 생명이니 나를 통하지 않고서는 아버지께로 올 사람이 없다"(요 14:6), "나는 참 포도나무요 내 아버지는 농부이시다"(요 15:1)라고 선언하십니다. 모두 예수 그리스도를 가리키는 말씀입니다.

놀라운 것은 누구든지 2,000년 전 33세에 죽은 청년 예수를 만나 믿으면, 인생이 배고프거나 목마르거나 허무하지 않게 된다는 사실입니다. 그분을 믿으면 인생이 빛으로 가득해지고, 영원한 생명과 부활과 진리로 샘솟는 놀라운 경험을 하게 됩니다. 그런데 사람들은 이 사실을 믿기 어려워합니다. 예수님을 믿기에 망정이지 상식적인 기준에서 본다면, 받아들이기 힘든 말들이기 때문입니다.

예수님은 "나는 너희를 영원히 주리지 않게 할 양식인 생명의 빵이다"라고 선언하십니다. 하루 세끼 양식을 다 챙겨 먹고 하늘에서 내려온 만나를 먹어도 결국은 죽지만, 예수님을 만나 그분을 믿고 먹으면 놀라운 영생을 누리게 된다는 뜻입니다.

하지만 그 말씀을 들은 모든 사람이 믿은 것은 아닙니다.

그러나 내가 이미 말한 대로 너희는 나를 보고도 여전히 믿지 않는구나(요 6:36).

기적을 봤더라도 모든 사람이 믿는 것은 아닙니다. 기적을 보고도 믿지 않는 사람이 있습니다. 믿고 안 믿고는 인식이나 감각의 문제가 아니라 마음속에서 믿지 않겠다고 다짐하는 '오만'의 문제입니다. 하나님을 거부하는 불신앙과 교만의 문제인 것입니다.

예수님이 진리가 아니시기 때문에 사람들이 예수님을 믿지 않는 것이 아닙니다. 인간의 마음속에는 참진리를 믿지 않겠다는 어리석은 의지가 가득합니다. 그것을 가리켜 '죄'라고 합니다. 자기 뜻을 꺾기 싫어하고, 순종하기 싫어하며, 하나님께 굴복하기 싫어서 끝까지 고집을 부리고 자기 뜻대로 이기려고 드는 것이 죄입니다.

거부할 수 없는 은혜

예수님을 만나 기적을 보고도 믿지 못하는 사람이 있는가 하면, 예수님의 음성이나 설교를 들어본 적이 없고, 기적을 맛본 적도 없는 사람이 믿기도 합니다. 예수님을 믿을 만한 구석이 하나도 없어 보이는 사람도 하나님이 택하시면 믿게 됩니다. 어떤 사람은 예수님을 믿으라고 하면 욕하고 도망갑니다. 믿는 사람들을 핍박하기도 합니다. 이슬람권에서는 예수님을 믿는다는 이유로 형이 동생을 살해하기도 합니다. 하지만 하나님이 택하시면 모든 것이 불가항력이 됩니다.

아버지께서 내게 주신 사람들은 모두 다 내게 올 것이요, 또 내게로 나오는 사람은 내가 결코 내쫓지 않을 것이다(요 6:37).

이것이 '불가항력의 은혜'입니다. 불가항력은 은혜의 속성입니다. 하나님이 은혜를 부어 주시면, 인간은 거부할 수가 없습니다. 인간이 아무리 거부하며 고집을 부려도 하나님은 '은혜의 줄'로 칭칭 동여매십니다.

그러니 하나님이 부르시면 망설이지 말고 즉시 돌이켜야 합니다. 인생의 전환점에서 머뭇거리지 말아야 합니다. 속히 돌이키지 않으면, 하나님은 매를 들어서라도 데려오십니다.

예수님은 하나님의 뜻을 이루는 일을 하십니다. 하나님의 뜻은 한 영혼이라도 놓치지 않고 사랑하며 잃지 않는 것입니다. 한 사람도 지나치지 않고 온 누리에 흩어져 있는 택하신 자들을 부르시는 것입니다.

내가 하늘에서 내려온 것은 내 뜻이 아니라 나를 보내신 하나님의 뜻을 이루려는 것이기 때문이다. 나를 보내신 분의 뜻은 그분이 내게 주신 모든 사람들 중 한 사람도 잃지 않고 마지막 날에 그들을 다시 살리는 것이다(요 6:38-39).

예수님은 하나님이 허락하신 영혼들을 예외 없이 전부 구원할 것이라고 말씀하십니다. 하나님이 부르시면, 거역하지 말고 그대로 순종해야 합니다.

하나님은 택하여 사랑하시는 사람들을 결코 포기하지 않으십니다. 인간이 자유 의지를 내세워 끝까지 거부하더라도 하나님은 기필코 구원하셔서 자녀로 삼으십니다. 부모가 자식을 절대로 포기하지 않는 것과 같은 이치입니다. 자식이 아무리 탕자에다 망나니라 하더라도 부모는 자기 자식을 포기하지 않는 법입니다. 자식을 위해 눈물로 기도하는 것이 부모의 마음입니다. 그것이 인간을 향한 주님의 마음입니다. 주님은 끊임없는 사랑으로 마지막 날에 반드시 우리를 일으켜 세우실 것입니다.

내 아버지의 뜻은 아들을 보고 믿는 사람마다 영생을 얻게 하시는 것이니 내가 마지막 날에 그들을 다시 살릴 것이다(요 6:40).

하나님의 부르심을 받은 사람들은 선교사가 되어 복음을 들고 멀리 떠납니다. 우리가 알지 못하는 '미전도 종족' 중에도 하나님이 택하신 자들이 있습니다. 그들이 예수님을 믿지 못하는 이유는 복음을 들어본 적이 없고, 성경을 읽은 적이 없기 때문입니다. 예수님을 믿을 만한 기회나 방법이 없는 것입니다. 하나님이 그들을 택하시고, 구원하기로 결정하셨습니다. 그러므로 우리가 복음을 들고 세계로 나아가야 합니다.

전도는 인간의 설득력으로 할 수 있는 것이 아닙니다. 그들에게 가까이 다가가서 "예수" 하고 이름만 불러도 믿을 사람은 믿습니다. 우리는 "예수, 예수"를 부르며 복음을 전하기만 하면 됩니다. 그러면 택함 받은 사람들이 예수님의 품으로 돌아올 것입니다. 하나님이 이미 믿도록 해 주셨기 때문입니다. 이것이 불가항력의 은혜입니다.

예수님은 택하신 자들을 절대로 포기하지 않으시고, 반드시 구원하십니다. 아멘!

10

예수님을 먹어 본 적
있습니까?

요한복음 6:41-59

하나님의 손과 우리 손이 맞닿은 그곳

오늘날 교회에 대한 세상 사람들의 반응은 매우 다양합니다. 그런데 교회를 환영하고 이해하기보다는 거절하고 오해하는 경우가 더 많습니다. 특히 교회가 기독교의 핵심 진리에 대해 말하면, 세상 사람들은 즉각적으로 거부감과 적개심을 나타냅니다.

예를 들어, 모든 인간은 타락했다고 말하면 세상 사람들은 그래도 인간은 선한 구석이 있지 않느냐며 반발합니다. 또 하나님이 주시는 불가항력의 은혜가 있다고 말하면, 사람들은 인간에게는 자유 의지가 있고, 선택의 권리가 있다며 맞서기도 합니다. 예수님만이 유일한 구원자요 메시아라고 말하면, "너희에게만 진리가 있느냐? 다른 종교에도 진리가 있다"라고 주장하며 화를 냅니다. 이렇듯 세상 사람들은 기독교의 핵심 진리에 강한 거부감을 보입니다.

2,000년 전 이스라엘의 상황도 지금과 별다르지 않았습니다. 예수님이 자신을 "하늘에서 내려온 생명의 빵"이라고 증언하셨을 때, 당시 함께 있던 많은 종교인이 부정적인 반응을 보이며 적개심까지 나타냈습니다.

이 말씀에 유대 사람들이 수군거리기 시작했습니다. 예수께서 "나는 하늘에서 내려온 빵이다"라고 말씀하셨기 때문입니다. 그들이 말했습니다. "저 사람은 요셉의 아들 예수가 아닌가? 그의 부모를 우리가 알지 않는가? 그런데 어떻게 '내가 하늘에서 왔다'고 말할 수 있는가?"(요 6:41-42).

사람들은 서로 수군거렸습니다. "우리가 예수의 부모를 알고 있는데 어떻게 자기가 하늘에서 내려왔다고 말할 수 있느냐?"라며 분개했습니다. 어찌 보면 무신론자들보다 더 복잡하고 강퍅한 사람이 종교인들인 것 같습니다. 각종 편견과 오류를 범하면서도 자신들의 잘못은 알지 못하고 인정하지도 않으며 수정하려고 들지도 않기 때문입니다. 그래서 예수님은 종교인들에게 서로 수군거리지 말라고 말씀하십니다.

예수께서 대답하셨습니다. "서로 수군거리지 말라. 나를 보내신 아버지께서 이끌어 주시지 않으면 어느 누구도 내게로 올 수 없다. 그러나 내게 오는 사람은 마지막 날에 내가 다시 살릴 것이다"(요 6:43-44).

이 말씀 안에 구원의 해답이 들어 있습니다. 구원이란 '예수님을 이 땅에 보내신 하나님 아버지께서 사람들을 예수님께로 이끄시는 것'입니다. 하나님 아버지께서 이끄시지 않으면 아무도 예수님께로 올 수 없습니다.

인간에게 구원의 의지가 있어야 구원받을 수 있을 것 같지만, 사실은 하나님이 허락하고 은혜를 베푸셔야만 구원을 받을 수 있습니다. 자신에 관해 스스로 깨닫고, 하나님께 나아가는 사람은 세상에 없습니다. 다만 하나님을 향한 목마름이 있을 뿐이고, 하나님께 나아가려는 생각은 하지 못합니다. 인간은 '하나님 아버지께서 내미시는 손, 초청하시는 손'이 있기에 구원을 받을 수 있습니다.

인간은 하나님이 초청해 주시지 않으면, 영원히 예수님을 믿을 수 없습니다. 주님이 이끌어 주시지 않으면, 부르심에 결단코 응답할 수 없습니다. 우리가 먼저 구원의 손을 내밀 수는 없습니다. 하나님의 초청 없이는 응답할 수 없기 때문입니다.

그런 의미에서 하나님의 구원에는 두 가지 손이 있습니다.

첫째, '은혜의 손'입니다. 먼저 손 내밀어 조건 없이 초청하시는 하나님의 손입니다. 초청의 손길 없이는 인간의 응답은 있을 수 없습니다.

사람은 구체적인 대상을 두고 편지를 씁니다. 이름도 주소도 모르는 불특정 '아무개'에게 편지를 보낼 수는 없습니다. 수신 대상이 분명해야 편지를 써서 부칠 수 있습니다. 마찬가지로 믿음에는 반드시 대상이 있어야 합니다. 하나님이 불러 초청하시고, 이끄셨기 때문에 우리가 응답할 수 있는 것입니다.

따라서 구원은 '하나님이 내미시는 손'입니다.

둘째, '믿음의 손'입니다. 하나님이 내미시는 손에 인간이 응답하여, 믿음으로 손을 뻗어 마주 잡는 것이 구원입니다. 구원이란 죽은 자가 다시 살아나는 것입니다. 즉 죽을 운명을 가진 자의 손이 영생하시는 분의 손에 연결되는 것입니다.

하나님이 내미시는 손과 구원을 요청하는 인간의 손이 맞닿는 곳에 예수 그리스도께서 존재하십니다. 하나님과 인간 사이에 예수님이 없으면, 두 손은 만날 수가 없습니다.

나를 보내신 아버지께서 이끌어 주시지 않으면 어느 누구도 내게로 올 수 없다. 그러나 내게 오는 사람은 마지막 날에 내가 다시 살릴 것이다(요 6:44).

예수님은 하나님의 은혜와 인간의 믿음 사이에서 연결 고리 역할을 하십니다.

예언서에 이렇게 기록됐다. '그들은 모두 하나님의 가르침을 받을 것이다.' 아버지께로부터 듣고 배운 사람마다 내게로 온다(요 6:45).

하나님 아버지의 은혜는 풍성하고 조건이 없으며 영원합니다. 하나님은 우리를 초청하여 예수님에게로 이끄십니다. 우리가 주일날 교회에 갈 수 있는 것도 하나님이 이끄시는 손길 덕분입니다. 교회에 습관적으로 가더라도, 거기에 하나님이 이끄시는 손길이 있습니다. 교회에서 맡은 일이 있어서 어쩔 수 없이 가야 하는 사람이더라도, 그의 머리 위에 하나님이 이끄시는 손길이 있습니다. 하나님이 이끄시면 예외 없이 누구나 예수님에게로 나아오게 됩니다.

그러므로 모든 성도는 기쁜 마음으로 하나님 아버지께 나아가 즐겁게 예배할 수 있어야 합니다.

하늘에서 내려온 살아 있는 빵

하나님을 보고 만져 본 사람은 세상에 아무도 없습니다. 그러나 하나님이 이끄시지 않으면 아무도 예수님께 나아올 수 없습니다.

> 아버지께로부터 듣고 배운 사람마다 내게로 온다. 이 말은 아버지를 본 사람이 있다는 것이 아니다. 오직 하나님께로부터 온 사람만이 아버지를 보았다(요 6::45b-46).

"아버지께로부터 듣고 배운 사람"이란 어떤 사람일까요? 하나님을 보지는 못했지만, 환경이나 여건이나 심정이나 여러 정황으로 말미암아 예수님께 인도하심을 받은 사람입니다.

어떤 사람은 인생을 살다가 실망한 나머지 자살 직전에 하나님께로 돌아오기도 합니다. 외로움, 실패, 절망, 질병 등을 통해 주님께로 이끌려 가는 사람도 있습니다. 그 와중에 예수님을 본다면, 곧 하나님을 본 것입니다. 하나님 덕분에 우리는 자신도 모르게 예수님에게로 이끌려 가며 은혜와 생명과 기쁨으로 충만해집니다. 전혀 새로운 차원의 삶을 경험하는 것입니다.

> 내가 진실로 진실로 너희에게 말한다. 믿는 사람은 영생을 가지고 있다. 나는 생명의 빵이다(요 6:47-48).

예수님은 자신을 가리켜 "생명의 빵"이라고 당당하게 말씀하십니다. 구원의 핵심은 우리에게 영원한 생명을 주시는 것입니다.

생명의 특징은 죽음이 없는 상태입니다. 예수님을 믿으면 일반적으로 나타나는 특징이 '죽음의 그림자'가 사라지는 것입니다. 슬퍼하거나 절망하여 다투는 것은 죽음의 그림자입니다. 대부분의 사람은 죽음의 그림자라는 옷을 입고 있습니다. "머리가 아프다, 죽고 싶다, 괴롭다, 죽이고 싶다, 불안하다, 잠이 안 온다" 등은 죽음의 그림자로 둘러싸인 탓에 생기는 증상들입니다.

그러나 예수님께로 나아오는 사람은 생명을 얻습니다. 생명이 있으면, 성장하기 마련입니다. 생명은 번식하고, 열매를 맺기 마련입니다. 생명은 결코 성장을 멈추지 않습니다. 생명은 빛이고 사랑이며 영원합니다. 예수님의 생명이 내 안에 들어오면 자신도 모르는 사이에 빛 가운데 서게 되고, 미래에 관한 희망으로 가득 차게 됩니다.

예수님은 자신을 생명의 빵으로 선포하십니다. 생명의 빵과 비교되는 것이 광야에서 먹었던 만나입니다. 예수님은 "만나를 먹은 사람들도 죽었지만 나를 먹는 사람은 영원히 죽지 않는다"고 약속하십니다.

> 너희 조상들은 광야에서 만나를 먹었지만 결국 죽었다. 그러나 여기 하늘에서 내려온 빵이 있는데 누구든지 이 빵을 먹으면 죽지 않는다. 나는 하늘에서 내려온 살아 있는 빵이다. 누구든지 이 빵을 먹는 사람은 영원히 살 것이다. 내가 줄 빵은 곧 세상의 생명을 위해 주는 내 살이다(요 6:49-51).

살아 있는 빵이신 예수 그리스도를 먹는 사람은 영원히 죽지 않습니다. 예수님을 만난 사람이 육신이 죽는 순간에도 살아 있음을 느끼는 것은 영원한 생명과 연결되어 있기 때문입니다. 그래서 죽은 것 같으나 살아있다고 말합니다. 이것이 바로 생명의 특징입니다. 우리는 세상의 생명을 위해 주시는 주님의 살, 곧 생명의 빵을 먹음으로써 영원한 생명과 연결됩니다.

죽음이나 아픔이나 실패는 신경 쓰지 말라

숨 쉬고 있다고 해서 다 살아 있는 것은 아닙니다. 죽음 같은 삶을 사는 사람도 있습니다. 말하는 것도 행동하는 것도 시체 같은 사람이 있습니다.

그런데 어떤 사람은 죽어도 살아 있는 것처럼 느껴집니다. 입에서 생명의 말이 튀어나오고, 감사와 찬양이 넘쳐납니다. 이것이 곧 생명입니다.

재미있게도 예수님은 생명의 빵이라는 표현을 쓰십니다. 빵의 본질은 보고 감상하는 것이 아닌 떼어서 먹는 것에 있습니다. 빵은 '먹는다'라는 행위와 관련 있습니다. 이처럼 신앙은 느끼고 감상하는 대상이 아닙니다. 보고 즐기는 것은 더더욱 아닙니다. 신앙은 생명의 빵이신 예수님을 먹는 행위입니다.

평생 교회에 다니면서도 생명의 빵을 먹지 않고 구경만 하는 사람들이 있습니다. 그런 사람들은 성가대가 노래를 얼마나 잘하는지, 목사가 설교를 얼마나 잘하는지만 살핍니다. 성도들이 예배에 얼마나 많이 왔는지, 헌금이 얼마나 많이 걷혔는지에만 관심을 둡니다. 그런 식으로는 10년을 교회에 왔다 갔다 해도 영적으로 배부르지 않습니다.

성도는 생명의 빵이신 예수님을 먹어야 합니다. 그래야 영혼에 살과 피가 됩니다. 예수님은 인간에게 객관적 대상이나 지식의 대상이 아니십니다. 믿는 자 안에 영원히 거하시는 분입니다.

그러자 유대 사람들은 자기들끼리 논쟁하기 시작했습니다. "이 사람이 어떻게 자기 살을 우리에게 주어 먹게 한단 말인가?"(요 6:52).

사람들은 예수님의 말씀을 영적 관점에서 이해하지 못하고, 겨우 '식인종의 관점'에서 이해합니다. 육은 영을 이해하지 못합니다. 영적인 일을 이성으로만 해석하려 들면, 식인종이라는 답밖에는 나오지 않습니다. 급기야 기독교를 식인종의 종교로 만들어 버립니다.

예수께서 그들에게 말씀하셨습니다. "내가 진실로 진실로 너희에게 말한다. 너희가 인자의 살을 먹지 않고 인자의 피를 마시지 않으면 너희 안에 생명이 없다. 누구든지 내 살을 먹고 내 피를 마시는 사람은 영생이 있고 내가 마지막 날에 살릴 것이다. 내 살이야말로 참된 양식이요, 내 피야말로 참된 음료다"(요 6:53-55).

예수님은 자신을 감상의 대상이나 분석하며 연구하는 대상이 아닌 '먹고 마시면 영생을 얻게 되는 양식 같은 존재'로 말씀하십니다. 즉 예수님을 먹음으로써 영생을 얻고, 주님과 하나가 되는 것입니다.

누구든지 내 살을 먹고 내 피를 마시는 사람은 내 안에 있고 나도 그 안에 있다. 살아 계신 아버지께서 나를 보내셨고 내가 아버지로 인해 사는 것처럼 나를 먹는 사람은 나로 인해 살 것이다(요 6:56-57).

예수님을 먹어 보셨습니까? 우리는 살아 있는 빵이신 예수님을 먹어야 합니다. 그분의 살과 피를 먹고 마셔야 다시 살아납니다.

예수님의 살과 피를 먹는다는 개념이 발전하여 성만찬이 되었습니다. 예수님은 십자가에서 살이 찢기고 피를 쏟으며 죽으시기 전날 밤에 제자들에게 성만찬을 베푸셨습니다. 예수님이 "나의 살을 먹어라, 나의 피를 마셔라"라고 하신 말씀은 단지 관념이 아니라 역사적인 사실입니다.

늙어서 죽는 것을 개의치 마십시오. 병든 것도 실패한 것도 상관치 마십시오. 생명이 들어오면, 모든 사람이 다시 살아납니다. 생명이신 예수님의 살과 피를 먹고 마시면 영원히 살 수 있습니다.

11

생명을 주는 것은
영입니다

요한복음 6:60-66

진리를 이해하지 못하는 이유

예수님을 따르던 많은 제자와 무리가 예수님의 말씀에서 명쾌한 해답을 얻지 못한 채 오히려 더 혼란스러워합니다. 그들은 예수님이 곧 "하늘에서 내려온 살아 있는 빵"이시라는 말씀을 전혀 이해하지 못한 것입니다. "예수가 어떻게 자신의 살과 피를 우리에게 먹일 수 있단 말인가? 예수의 살이 참된 양식이요, 예수의 피가 참된 음료라니 말이 되는가?"라며 반문합니다. 그들의 조상은 하늘에서 내려온 만나를 먹고도 죽었는데, 예수님이 주시는 생명의 빵을 먹으면 영생한다니 도무지 이해가 되지 않습니다.

예수의 제자들 중 여럿이 이 말씀을 듣고 말했습니다. "이 말씀은 참 어렵구나. 과연 누가 알아들을 수 있겠는가?"(요 6:60).

인간은 자신의 이성과 경험으로 이해되지 않는 것에는 일단 거부 반응을 보입니다. 그 거부감은 불쾌감으로 발전하고, 더욱 발전하면 반항하게 됩니다.

제자들은 예수님이 십자가에 못 박혀 죽으시고 부활하셔서 승천하실 때까지도 예수님의 이 말씀을 이해하지 못했습니다. 천사들이 나타나서 "갈릴리 사람들아, 왜 여기 서서 하늘만 쳐다보고 있느냐? 너희 곁을 떠나 하늘로 올라가신 이 예수는 하늘로 올라가시는 것을 너희가 본 그대로 다시 오실 것이다"(행 1:11)라고 말할 때까지도 예수님을 제대로 이해하지 못했음을 알 수 있습니다.

하지만 예수님은 이런 제자들의 마음을 너무나 잘 아셨습니다.

> 예수께서는 제자들이 이 말씀에 대해 수군거리는 것을 알고 말씀하셨습니다. "이 가르침이 너희 마음에 걸리느냐?"(요 6:61).

진리는 항상 인간의 이성에 걸리기 마련입니다. 인간은 진리대로 살지 못하기 때문입니다. 인간이 하나님 말씀대로 살아간다면 진리를 받아들일 때 '걸림'이 되지 않습니다. 영의 세계에서 육신의 것들은 항상 걸림이 됩니다. 그래서 예수님은 제자들에게 진리의 말씀이 "네 마음에 걸리느냐?" 하고 물으십니다.

진리가 인간에게 걸리는 이유는 인간 존재의 한계와 죄성 때문입니다. 인간은 죄와 불의와 미움이 가득하기 때문에 하나님의 거룩하심과 의로우심과 사랑하심을 이해하지 못합니다. 미움은 사랑을, 불의는 의를, 죄는 거룩을 이해하지 못하고 걸림이 됩니다. 예수님의 성육신과 십자가의 죽음과 부활 승천을 믿기에는 인간의 본능과 이성과 세속의 것들이 걸림으로 작용합니다.

인간이 어떻게 하나님을 이해할 수 있겠습니까? 이성은 영을 이해할 수 없습니다. 인간은 항상 현실에 주목할 뿐이고, 천국에 대해서는 알지 못합니다. 죄인은 하나님을 상상조차 할 수 없습니다.

그러나 '걸림 현상'은 영적으로 거듭날 기회가 된다는 점에서 볼 때 축복이기도 합니다. 진리를 이해하지 못하고 불쾌감을 느끼는 것은 하나님의 영의 세계를 올바로 깨닫고자 하는 계기로 작용할 수 있습니다.

> 만약 인자가 전에 있던 곳으로 올라가는 것을 본다면 너희는 어떻게 하겠느냐?(요 6:62).

제자들이 예수님의 말씀을 이해하지 못하자 예수님이 "그러면 내가 전에 있던 곳으로 다시 올라가는 모습을 너희가 보면 내 말을 믿겠느냐?"라고 물으십니다. 이처럼 예수님은 자신이 전에 있던 곳으로 돌아가신다는 말씀을 성경 곳곳에서 하셨습니다.

성경은 "태초에 말씀이 계셨습니다. 그 말씀은 하나님과 함께 계셨고 그 말씀은 하나님이셨습니다. 그분은 태초에 하나님과 함께 계셨습니다. 모든 것이 그분을 통해 지음 받았으며 그분 없이 된 것은 아무것도 없었습니다"(요 1:1-3)라고 말합니다. 그분 안에는 생명이 있고, 그 생명은 곧 "사람들의 빛"(요 1:4)입니다. 말씀이신 예수 그리스도께서는 태초부터 하나님이셨고, 하나님과 함께 계시다가 세상에 오신 것입니다.

또한 성경은 "그 말씀이 육신이 돼 우리 가운데 계셨기에 우리는 그분의 영광을 보았습니다. 그것은 은혜와 진리가 충만한 아버지의 독생자의 영광이었습니다"(요 1:14)라고 전합니다. 예수님은 육신을 입고 땅에 계시지만, 원래 하나님이시며 하늘에서 오신 분입니다.

성경은 예수님의 본질을 이렇게 설명합니다.

그분은 본래 하나님의 본체셨으나 하나님과 동등됨을 기득권으로 여기지 않으시고 오히려 자신을 비워 종의 형체를 가져 사람의 모양이 되셨습니다. 그리고 그분은 자신을 낮춰 죽기까지 순종하셨으니, 곧 십자가에 달려 죽으신 것입니다(빌 2:6-8).

이런 진리의 말씀들이 세상 사람들에게 '걸리는 것'이 됩니다. 제자들과 무리는 예수님의 말씀을 깨닫지 못하고, 걸림이 되어 서로 수군거리기 시작합니다. 예수님은 그들이 수군거리는 이유에 대해 명쾌하게 대답하십니다.

이해하지 못하는 것이 당연하다

예수님은 자신의 말이 인간의 말이 아니라 생명의 말씀이므로 사람들이 이해하지 못하고 수군거리는 것을 아셨습니다. 예수님의 말씀은 육신의 말이 아닌 영의 말씀이므로, 인간의 관점에서 보면 깨닫지 못하는 것이 당연합니다.

생명을 주는 것은 영이므로 육신은 아무 소용이 없다. 내가 너희에 게 한 말은 영이요, 생명이다(요 6:63).

"육신은 아무 소용이 없다"는 것은 인간의 이성이나 본능으로 는 영의 말씀을 깨닫기가 불가능하다는 뜻입니다. 인간은 하나님 말씀을 이성적으로 받아들입니다. 즉 육으로 듣고 이해하려고 합 니다. 그러나 하나님 말씀은 인간의 이성으로는 해석되지 않습니 다.

예수님은 니고데모와의 대화를 통해 영의 말씀이 육으로 이해 되지 않는 이유를 설명해 주셨습니다. 예수님은 유대 사람의 관 원이며 종교적으로 성숙하여 누가 봐도 존경할 만한 니고데모에 게 거듭나야 한다고 말씀하십니다. 니고데모는 예수님의 말씀을 이해하지 못한 채 "나이가 들어 늙은 사람이 어떻게 다시 태어나 겠습니까? 태어나려고 어머니의 뱃속으로 다시 들어갈 수 없지 않 습니까?"(요 3:4)라고 묻습니다. 니고데모는 예수님의 말씀을 영이 아닌 육으로 이해했습니다.

예수님은 니고데모에게 "내가 진실로 진실로 네게 말한다. 누구 든지 물과 성령으로 태어나지 않으면 하나님 나라에 들어갈 수 없다. 육체에서 난 것은 육체이고 성령으로 난 것은 영이다. '다시 태어나야 한다'라고 말한 것을 너희는 이상히 여기지 말라"(요 3:5-7)라고 말씀하십니다. '육체에서 난 것은 육체'라고 하십니다. 육체의 이성으로는 지성과 감성을 해석할 수 있지만, 성령을 해석할 수는 없다는 말씀입니다. 성령으로 난 것만이 영을 해석할 수 있습니다.

이를 이해하려면, 먼저 육체에 관해 알아야 합니다. 육체는 땅에서 온 물질입니다. 육체는 죽어서 땅속으로 들어가 썩어 한 줌의 흙이 됩니다.

그러나 인간은 동물과 달리 육체와 더불어 정신도 갖고 있습니다. 성경은 이것을 '혼'으로 표현하기도 합니다.

보편적으로 인간을 가리킬 때는 육체와 정신을 합하여 말합니다. 인간의 죽음은 육체와 정신의 분리 상태를 말합니다. 여기서 정신이란 지성과 이성과 감성을 포함한 인간의 혼을 말합니다. 정신이 물질인 육체와 연합한 것이 인간입니다.

문제는 인간의 육체와 정신으로는 하나님의 영과 말씀을 이해하지 못한다는 것입니다. 인간이 만든 사상이나 철학이나 종교나 예술이나 과학으로는 하나님을 찾을 수 없습니다. 인간의 정신은 다만 '하나님을 향한 목마름'을 보여 줄 뿐입니다.

우리는 예수님이 보내 주시는 성령의 도우심으로 하나님 말씀을 이해할 수 있습니다. "생명을 주는 것은 영"이라고 말씀하십니다. 영은 영으로 이해합니다. 예수님이 니고데모에게 "육체에서 난 것은 육체이고 성령으로 난 것은 영이다. '다시 태어나야 한다'라고 말한 것을 너희는 이상히 여기지 말라"고 친절하게 말씀하신 이유가 바로 여기에 있습니다.

성령님이 함께하셔야 비로소 이해한다

하나님 말씀을 이성으로 받아들이는 사람이 있고, 영으로 받아들이는 사람이 있습니다. 이성적으로 이해하는 사람은 하나님 말씀을 종잡을 수 없어 하며 갈증을 느낍니다. 하지만 영으로 이해하는 사람은 하나님 말씀에 "아멘"으로 화답합니다.

성경을 읽을 때, 우리는 때로 졸기도 하고, 때로 스펀지에 물이 스며들 듯 달고 오묘한 맛을 느끼며 말씀을 흡입하기도 합니다. 어떤 사람은 하나님 말씀에 감동해 눈물을 흘리며 찬송을 부르기도 합니다. 성령으로 충만해졌기 때문입니다.

하나님의 영이 있는 사람은 영의 말씀을 이해합니다. 그래서 하나님 말씀을 받으면 영적으로 풍성해집니다. 영은 능력을 받고 새로워지기 시작합니다. 성경은 이것을 "내가 너희에게 기쁨, 평안, 능력을 준다"라고 표현합니다. 하나님의 영이 우리 안에서 역사하시면 희망과 생명으로, 기쁨과 능력으로 충만해집니다.

인간은 모든 부분에서 부족하지만, 하나님의 영이 임하시면 진리의 말씀을 받아들이고 깨닫게 됩니다. "생명을 주는 것은 영이다"라는 말씀의 뜻이 이것입니다. 하나님 말씀을 들었는데 알 것 같기도 하고 모를 것 같기도 하며, 그 말씀이 능력이나 기쁨으로 되지 않는 까닭은 육으로 듣고 해석하기 때문입니다.

성경은 "예수를 죽은 사람 가운데서 살리신 분의 영이 여러분 안에 거하시면, 그리스도 예수를 죽은 사람 가운데서 살리신 분께서 여러분 안에 거하시는 자기 영으로 인해 여러분의 죽을 몸도 살리실 것"(롬 8:11)이라고 말합니다. 육신은 스스로 부활할 수 없습니다. 육이 육을 부활시킬 수도 없습니다. 육신을 부활하게 하는 것은 영입니다.

부활하신 예수님의 영이 우리 안에 들어오시면 마땅히 죽어 썩어 없어질 몸이 부활합니다. 성경은 "이는 그리스도 예수 안에 있는 생명의 성령의 법이 죄와 죽음의 법에서 여러분을 해방했기 때문"(롬 8:2)이라고 말합니다. 죄는 죄를 구원하지 못합니다. 죽음은 죽음을 이기지 못합니다. 죄와 죽음에서 해방되는 방법은 생명의 성령의 법이 각 사람 안에 들어오는 것뿐입니다. 그러면 구원을 얻게 되고 하나님의 영의 말씀을 이해하게 됩니다.

인간은 자신의 철학으로 새로운 사상을 만들어 내며 종교화하기도 합니다. 그러나 하나님의 영은 인간의 이성으로는 이해할 수 없습니다. 영은 영으로 압니다. 우리 안에 하나님의 영이 있으면 병든 몸이나 죽을 몸도 부활합니다. 과학이나 의술로도 죽을 몸을 살릴 수는 없습니다. 하나님의 영이 우리 안에 거하시면 죄와 사망의 권세에서 벗어날 수 있습니다. 이것이 바로 "생명을 주는 것은 영"이란 말씀이 의미하는 바입니다.

예수 그리스도께서 우리에게 성령을 보내 주실 때 역사와 기적이 일어납니다. 그리스도의 영이 우리 안에 들어와 어둠과 죽음과 절망과 좌절을 몰아내며 기적을 만드십니다.

하지만 인간은 이 사실을 믿으려고 하지 않습니다.

예수께서 계속 말씀하셨습니다. "그러므로 내가 너희에게 '아버지께서 허락해 주신 사람이 아니고는 아무도 내게로 올 수 없다'고 말한 것이다"(요 6:65).

여기서 우리는 하나님의 섭리와 선택과 불가항력의 은혜에 다시 한 번 부딪힙니다. 인생에는 설명할 수 있는 것보다 설명할 수 없는 것들이 더 많습니다. 보이는 것보다 보이지 않는 것들이 더 많습니다. 잡히는 것보다 잡히지 않는 것들이 더 많습니다. 하나님이 우리를 이끄시지 않으면, 우리는 예수님께로 올 수가 없습니다.

그러니 우리가 예수님을 믿게 된 것이 얼마나 신기합니까! 구원받은 것은 더욱 놀랍기만 합니다. 이것이 바로 형용조차 할 수 없는 하나님의 크신 은혜입니다.

이 말씀 때문에 예수의 제자 가운데 많은 사람이 떠나갔고 더 이상 그분과 함께 다니지 않았습니다(요 6:66).

많은 사람이 예수님에게 와서 말씀을 듣고, 기적도 봤으며 배불리 먹기도 했습니다. 그러나 그들 모두가 예수님을 따른 것은 아닙니다.

마찬가지로 교회에 다니는 모든 사람이 구원받는 것은 아닙니다. 그중 어떤 사람은 언젠가 교회를 떠날 수도 있습니다. 반대로 하나님과 원수지간이었던 사람이 예수님에게 돌아와 회개하여 변하기도 합니다.

얼마 전에 두 사람에게서 감동적인 간증을 들었습니다. 한 사람은 사업에 실패해 괴로워하다가 다른 사람들에게 더 이상 피해를 주지 않으려고 자살을 결심했는데, 예수님을 만나서 세례까지 받았습니다. 또 다른 여인은 부도덕하고 재산마저 탕진한 남편에게 배신당하고 절망감에 싸여 죽음을 생각하다가 예수님을 만나고 아들과 함께 세례를 받았습니다.

죽으려고 했던 그들 안에 성령님이 역사하신 것입니다. 그 역사로 말미암아 그들은 '살아야 한다'는 희망을 발견했습니다. 마음에서 원망과 저주가 사라지고 용서와 사랑이 자리 잡았습니다. 이것이 하나님의 은혜이고 "생명을 주는 것은 영이므로 육신은 아무 소용이 없다"는 말씀의 실체입니다.

교회에 오래 다닌 것을 자랑하지 말고, 자기 안에 하나님의 영이 계신 것을 자랑해야 합니다. 예수 그리스도께서 인생의 주인이 되시고, 그분의 영이 성도들 안에 계셔서 죽을 몸도 다시 사는 은혜와 감격이 우리 안에 있어야 합니다.

하나님의 영이 우리 안에 거하시면 학문하는 자들에게는 학자의 영감을, 예술을 하는 자들에게는 작품의 감성을, 작가들에게는 문장의 탁월함을, 일하는 자들에게는 노동의 복을 주실 것입니다.

인간적인 이성과 판단으로 삶을 이끌어 가지 않도록 주의하십시오. 하나님 말씀과 영이 우리 삶을 이끌어 갈 때 상상할 수도 없는 하나님의 크신 은혜와 복이 따라올 것입니다.

12

우리가 믿고
또 압니다

요한복음 6:67-71

성령으로 믿지 않으면 한계에 부딪힌다

예수님을 따르던 수많은 사람이 진리의 말씀에 '걸려서' 하나둘씩 예수님 곁을 떠났습니다. 얼마 전까지만 해도 예수님에 대한 환호성으로 가득했던 주위는 한순간에 싸늘한 분위기로 변하고 말았습니다.

처음에 사람들은 예수님의 말씀을 듣고 매우 흥분했습니다. 그분의 생소한 이야기는 신선한 충격으로 다가왔고, 말씀하실 때마다 기적이 일어났기 때문입니다. 그들은 주님이 보리빵 다섯 개와 물고기 두 마리로 5,000명을 먹이신 일, 큰 풍랑으로 배가 침몰할 것 같은 위험에 빠졌을 때 예수님이 물 위를 걸어오신 일도 목격했습니다.

예수님의 가르침과 기적 때문에 예수님 주위에는 항상 사람들이 구름 떼처럼 몰려들었습니다. 심지어 그들은 예수님을 왕으로 삼으려고까지 했습니다. 그러나 예수님을 만나 가까이서 말씀을 듣고 나자 한 사람씩 주님 곁을 떠나기 시작합니다.

왜 이런 현상이 벌어질까요? 사람들은 영적 진리인 예수님의 말씀에 부담감을 느끼고, 그것을 마음속에 받아들일 수 없기 때문입니다.

많은 사람이 그분이 행하신 기적을 보고 환호성을 지르며 '이 사람을 왕으로 삼으면 적어도 배는 곯지 않겠구나' 하고 생각했을 것입니다. 예수님이 물 위를 걸어오시는 것을 보고 제자들도 '이분을 왕으로 삼으면 못할 일이 없겠다'고 생각했을지도 모릅니다.

사람들은 맹목적일 정도로 예수님을 따라다니지만, 주님의 말씀을 제대로 이해하지 못합니다. "나는 하늘에서 내려온 생명의 빵이다. 조상들은 만나를 먹고 죽었지만 내가 주는 살아 있는 빵을 먹으면 영원히 죽지 않을 것이다. 나의 살은 참된 양식이요, 나의 피는 참된 음료다. 내 살과 피를 먹고 마셔라. 그러면 마지막 날에 다시 살아날 것이다"라는 예수님의 말씀이 무슨 뜻인지 알지 못합니다. 그들은 예수님이 베푸시는 기적에 환호하지만, 주님의 말씀에는 고개를 갸우뚱하고, 수군거리며 떠나갑니다.

이에 대해 예수님은 "생명을 주는 것은 영이므로 육신은 아무 소용이 없다"라고 말씀하십니다. 이 말씀에서 우리는 두 가지 사실을 알 수 있습니다. 육신의 생각과 영의 생각이 있고, 육신의 호기심과 영적인 호기심이 있다는 것입니다. 인간은 육신의 말은 쉽게 이해하고 공감하지만, 영적인 말에는 거부하고 반항합니다. 영적인 말은 인간의 이성과 경험으로는 이해할 수 없기 때문입니다.

예수께서 열두 제자들에게 물으셨습니다. "너희도 떠나고 싶으냐?"(요 6:67).

이 말씀에는 두 가지 의미가 담겨 있습니다. 첫째, 예수님의 실망과 고독입니다. 오랫동안 함께 지내던 사람들이 어떤 이유로든 떠나면 외로움과 고통을 느끼게 됩니다. 예수님을 따라다니며 환호성을 지르던 무리는 어차피 떠날 사람들이지만, 가까이 지내던 제자들은 그들과 다릅니다. 그래서 예수님은 제자들에게 "너희도 떠나고 싶으냐?" 하고 물으십니다.

예수님은 자신을 배신해 팔아넘길 제자가 누구인지 아셨습니다. 예수님은 그들이 자신을 배신할 것을 알면서도 교제하셨습니다. 인간이 떠날 것을 알면서도 사랑하시고, 모든 것을 포용하십니다.

둘째, 인간 믿음의 한계입니다. 인간의 믿음이란 항상 자기중심적입니다. 믿음에는 두 가지 종류가 있습니다. '하나님 중심의 믿음'과 '인간 중심의 믿음'입니다. 하나님 중심의 믿음은 주님의 말씀과 성령님의 음성에 귀를 기울이며 따라갑니다. 그러나 인간 중심의 믿음은 개인의 생각과 경험이나 이성과 감정을 중심으로 행합니다. 곧 육신의 믿음입니다.

처음부터 영적 믿음으로 교회에 나와 신앙생활을 하는 사람은 없습니다. 보통 인간적인 믿음으로 시작하기 마련입니다. 교회에 나와 보니 좋아서 열심히 모임에 참석하고 설교도 듣고 그러다 봉사 활동도 하고 교사로 헌신하기도 합니다. 그 와중에 기뻐하고 감사하며 눈물도 흘립니다.

그러나 언제까지나 육신의 믿음에만 머물러 있을 수는 없습니다. 하나님 말씀을 듣고 기도하며 주님께로 더 가까이 나아가야 합니다. 그래야 육신의 생각을 버리고 영적 믿음으로 도약할 수 있습니다.

이때 시험이 닥쳐 여러 가지 갈등과 고통을 겪기도 합니다. 그동안 자기 편한 대로 살다가 하나님 중심으로 삶을 바꾸려고 하니 몸과 마음이 따라 주지 않고, 자신의 경험이 자꾸 거부하기 때문입니다. 이 시기는 그저 교회만 왔다 갔다 하는 단계입니다. 육신의 믿음이 영적 믿음으로 바뀌는 과정은 자아를 깨뜨리고 포기하며 죽이는 훈련입니다. 결코 쉬운 일이 아닙니다.

예수님의 기적을 경험한 사람들이 환호성을 지르며 열정적으로 주님을 따라다니지만, 그들의 믿음은 막상 뚜껑을 열고 보면 육신의 믿음에 불과합니다. 겉으로는 예수님의 진리 말씀을 아는 듯이 굉장해 보이는데, 실제로는 전혀 깨닫지 못하고 있습니다. 결국, 수군거리며 떠나 버립니다. 이것이 인간 믿음의 한계입니다.

믿음의 기초는 하나님 말씀과 성령님의 음성에 둬야 합니다. 기독교인이 좋아서 하나님을 좋아하게 되는 사람이 있습니다. 반면에 기독교인이 싫어서 하나님까지 싫어하는 사람도 있습니다. 이 점을 유념해야 합니다.

예수님은 사람들의 인간적인 믿음을 보고 물으십니다.

"너희도 떠나고 싶으냐?"

진정한 믿음은 개인의 생각이나 경험이나 이성에 근거한 것이 아니라 하나님 말씀과 성령님의 음성에 근거하는 것입니다. 육신의 믿음을 버려야 영적인 믿음이 자랄 수 있습니다. 하나님 말씀에 기초하는 참믿음은 결코 쉽게 형성되지 않습니다. 말씀에 기초한 믿음, 성령님의 역사로 말미암은 믿음은 절대로 흔들리지 않습니다. 아무리 어려운 시험을 당해도 결코 요동하지 않습니다.

기도야말로 은혜 중의 은혜다

참으로 신기한 일이 벌어집니다. 아직 영적인 믿음이 부족한 베드로가 놀라운 고백을 한 것입니다.

> 시몬 베드로가 예수께 대답했습니다. "주여, 영생의 말씀이 주께 있는데 저희가 어디를 가겠습니까?"(요 6:68).

그는 3년 동안 예수님과 함께 지냈지만, 주님의 뜻을 잘 깨닫지 못했습니다. 예수님이 십자가에서 죽임을 당하셨을 때도, 부활하셨을 때도 잘 알지 못했습니다. 육신의 믿음, 인간적 믿음, 자기중심적 믿음을 갖고서 예수님을 계속 따라다닌 것이 신기할 정도입니다.

베드로가 영적 믿음을 갖게 된 시기는 예수님이 부활하여 승천하신 뒤에 오순절에 성령이 강림하셨을 때입니다. 그전까지 베드로는 왔다 갔다 하며 이랬다저랬다 하는 수준이었습니다. 그러나 하나님은 육신의 믿음을 가진 사람도 포기하지 않으십니다. 끝까지 아끼고 사랑하시며 영적 믿음이 생길 때까지 보살펴 주십니다.

영적 믿음을 갖지 못한 베드로가 이런 영적 대답을 했다는 사실이 놀랍습니다. 마태복음 16장에 이와 비슷한 내용이 있습니다. 예수님이 가이사랴 빌립보 지방에 이르러 제자들에게 "사람들이 인자를 누구라고 하느냐?" 하고 물으시자 제자들이 "세례자 요한이라고도 하고 엘리야라고도 하고 예레미야나 예언자 중 한 분이라고 하는 사람도 있습니다"라고 대답합니다. 이에 예수님이 "그러면 너희는 나를 누구라고 하느냐?" 하고 물으시자 베드로가 자기 수준을 훨씬 뛰어넘는 대답을 합니다. "주는 그리스도이시며 살아 계신 하나님의 아들이십니다." 예수님이 베드로의 원래 이름을 부르며 말씀하십니다.

요나의 아들 시몬아, 네가 복이 있다. 이것을 네게 계시하신 분은 사람이 아니라 하늘에 계신 내 아버지이시다(마 16:17).

그러고 나서 예수님은 예루살렘에 올라가셔서 장로들과 대제사장들과 율법학자들에게 많은 고난을 받고 죽임을 당했다가 제삼일에 살아날 것을 제자들에게 가르치십니다. 그러자 베드로가 즉시 인간적인 믿음으로 돌아와 소리칩니다. "주여! 절대로 안 됩니다! 그런 일이 주께 일어나서는 절대 안 됩니다." 아직 그는 육신의 믿음과 영적 믿음 사이에서 갈피를 잡지 못한 것입니다.

육신의 믿음을 가진 우리가 주일 아침 일찍 교회에 가는 것은 기적에 가깝습니다. 그렇게 와서 예배드리고 설교를 듣지만, 말씀을 듣는다고 모두 깨닫는 것은 아닙니다. 여전히 많은 부분에서 헤매고 있습니다. 때로 "주여, 당신은 그리스도이십니다. 영생의 말씀이 여기 계시는데 제가 어디로 가겠습니까?"라고 고백하기도 합니다. 그러나 세상에 나가면 모든 것을 잊어버리고 옛 모습으로 돌아갑니다. 육신의 믿음을 갖고 있으면서도 봉사하고 헌금하며 직분도 맡는 것이 우리 모습입니다.

성경을 보면, 베드로가 또 큰일을 해냅니다. 바로 예수님을 '주'로 고백한 것입니다. 신약 공동체에서 신앙의 핵심은 예수님을 주로, 즉 '나의 주인'으로 고백하는 것입니다.

주는 하나님의 거룩하신 분임을 저희가 믿고 또 압니다(요 6:69).

예수님 옆에 있던 베드로가 자신도 이해하지 못하는 영적인 말을 합니다. 예수님이 하나님의 거룩하신 분인 것을 믿고 알았다고 고백합니다. 대단한 신앙 고백입니다. 은혜로 말미암은 신앙 고백이라고 할 수 있습니다. 자신도 모르게 영적 고백을 한 것입니다.

베드로는 어느 순간 본의 아니게 자기도 알지 못하는 말을 하곤 합니다. 가끔 이상한 기도를 하거나 예언도 합니다. "주님, 저를 써 주십시오. 주님을 위해서는 어디든지 가겠습니다!" 그러나 눈을 뜨고 현실로 돌아오면 완전히 다른 태도를 보입니다.

눈을 감고 기도하는 내용이 진실입니다. 그래서 기도는 '은혜 중의 은혜'입니다.

우리는 육신적이지만 때로 영적인 말을 하고, 영적이지 않지만 어느 순간에는 믿음의 고백을 하기도 합니다. "주여, 영생의 말씀이 주께 있는데 저희가 어디로 가겠습니까? 주는 하나님의 거룩하신 분입니다"라고 고백하는 것입니다. 이 역시 하나님의 은혜 덕분에 가능한 일입니다.

믿고 아는 사람, 알고 믿는 사람

믿음에는 두 가지 종류가 있습니다. '알고 믿는 것'과 '믿고 아는 것'입니다. 알고 믿는 것은 이성적이고 합리적이며 경험적입니다. 대다수의 사람은 대상에 관해 모두 알아보고 나서 경험적으로 인정할 수 있고, 자신에게 해가 되지 않으며 합리적으로 판단되면 믿겠다고 말합니다. 그것이 안 되면 믿을 듯하면서도 절대 믿지 않습니다. 이것이 알고 믿는 것입니다.

그러나 성경은 "알고 믿을 것인가? 믿고 알 것인가?"라는 문제에서 후자를 지지합니다. 믿으면 하나님을 볼 수 있습니다.

세상 사람들은 흔히 하나님을 보여 주면 믿겠다고 말합니다. 성경은 "만약 너희가 굳게 믿지 않으면 결코 굳게 서지 못할 것이다"(사 7:9)라고 말합니다. 하나님이 하신 일을 보지 못했더라도 믿어야 합니다. 천지가 창조되는 것을 본 사람은 아무도 없지만, 그 일을 믿어야 합니다. 하나님이 천지를 창조하신 것을 믿으면, 그 후에 모든 것이 이해되고 풀리기 마련입니다. 믿음이란, 먼저 믿은 다음에 아는 것이며, 받아들인 다음에 이해하는 것입니다.

만약 하나님이 존재하시지 않는다면, 하나님이라는 단어가 있을 필요가 없습니다. 실체가 없는 대상을 부르는 단어란 있을 수 없습니다. 컵이 있으니 컵이라는 말이 생겨났습니다. 마찬가지로 하나님이 존재하시니 하나님이라는 말이 있는 것입니다. 하나님은 살아 계시고, 천국과 지옥도 분명히 있습니다.

베드로는 '이성이 먼저인가? 믿음이 먼저인가?'라는 주제 앞에서 자신도 모르는 사이에 불쑥 "나는 믿고 알았다"라고 고백합니다.

믿음은 이성을 인도하고, 지성을 낳으며 감정을 조절합니다. 믿음이 이성을 조정하고 지성을 통제해야 합니다. 성령으로 난 믿음, 말씀으로 난 믿음, 예수님으로 난 믿음이 삶을 이끕니다. 그럴 때 어떤 고난이나 시험이 닥쳐도 흔들리지 않습니다.

그러자 예수께서 대답하셨습니다. "내가 너희 열둘을 택하지 않았느냐? 그러나 너희 중 하나는 마귀다!" 이것은 가룟 시몬의 아들 유다를 두고 하신 말씀이었습니다. 그는 열두 제자 중 한 사람이었지만 나중에 예수를 배신하게 될 사람이었습니다(요 6:70-71).

베드로는 예수님을 세 번이나 부인하고 배신했는데도, 결국 하나님의 복을 받고 사도 중의 사도로서 영광스러운 삶을 마감했습니다.

그런데 같은 제자인 가룟 유다는 왜 버림을 받았을까요? 예수님은 가룟 유다에 대해 버림을 받았다고 말씀하십니다.

이 말씀에서 가룟 유다가 개입되는 것을 보면, 하나님이 택하신 자와 택하시지 않은 자가 엄연히 존재한다는 것을 알 수 있습니다. 하나님은 인간적인 육신의 믿음을 갖고 있던 베드로를 택하여 초대교회를 이끄는 수장(首將)으로 삼으셨습니다. 그러나 열두 제자 중에는 예수님을 배반하고 팔아넘긴 유다와 같은 존재도 있었습니다.

하나님은 우리를 택하셨습니다. 우리가 때로 방황하지만 하나님의 품을 떠나지 못하는 이유는 주님이 우리를 택하셨기 때문입니다. 하나님이 우리를 택하신 것은 우리 모두를 구원하시기 위해서입니다. 이것이 하나님의 은혜입니다.

육신의 믿음은 영적으로 변화해야 합니다. 인간적 믿음이 말씀

중심의 믿음으로 변화해야 합니다. 예수님을 주로, 하나님의 거룩하신 분으로 고백했던 베드로처럼, 주님 앞에 가는 날까지 영적 고백을 계속하게 되기를 축원합니다.

3부

상식을 뛰어넘는
믿음에서 나오는 능력

요한복음 7:1-48

예수님은 많은 사람의 비판과 논쟁에도 아랑곳하지 않고
자신의 길을 가십니다. 십자가의 길, 전도자의 길을 걸으십니다.
자신을 체포하러 오는 무리 앞에서도 당황하지 않고
담대하게 그들을 영원한 행복으로 초대하십니다.

13

때를 분별하는 능력을
주옵소서

요한복음 7:1-9

이해받지 못해서 우리를 더 잘 이해하시는 분

언제부턴가 성탄절에 "기쁘다 구주 오셨네" 같은 캐럴은 들리지 않고, 화려한 트리만이 거리를 장식하고 있습니다. 한동안 서울시청 앞에 세우는 대형 트리에 "축 성탄"이란 글씨를 걸지 못하기도 했습니다. 특정 종교를 선전한다는 이유로 말입니다. 그러나 이제는 "축 성탄"과 함께 십자가 조명도 밝히게 되었습니다.

세상 사람들은 예수님이 이 땅에 오신 것을 환영하는 것 같지만, 그 속내를 자세히 들여다보면 실망스러울 뿐입니다. 그들은 십자가나 예수라는 말을 빼고 성탄 행사를 열자고 제안합니다. 최근 유럽 교회가 무너지는 이유 중 하나는 사회에서 기독교의 특성을 없애고 법제화한 결과라고 할 수 있습니다.

예수님 당시에도 주님이 이 땅에 오신 것을 환영한 사람은 많지 않았습니다. 사람들은 예수님을 거부하고 비판하며 조롱했습니다. 예수님이 공생애를 시작하실 무렵에 주님과 함께 꿈을 나눈 사람들은 극소수에 불과했습니다. 예수님을 따랐던 제자들조차 그분을 온전히 이해하지 못했습니다. 예수님은 마지막 순간까지 아무에게도 이해받지 못하신 채 홀로 외롭게 십자가를 지셨습니다. 예수님에 대한 세상 사람들의 반응은 조롱과 멸시, 불신과 빈정거

림이 대부분이었습니다. 결국, 그들은 예수님을 십자가에 못 박아 버리는 것으로 반응했습니다.

요한복음 7장에서도 세상 사람들이 예수님을 의심하고 조롱하며 민중의 선동자로 치부해 버리는 장면을 볼 수 있습니다. 심지어 귀신이 들렸다며 몰아붙이기도 합니다. 예수님을 심하게 반대한 사람들 중에는 예수님의 친동생도 있습니다. 많은 사람이 예수님에게 의혹의 눈초리를 보내며 반대했습니다.

이 일 후에 예수께서는 갈릴리 지방을 두루 다니셨습니다. 유대 사람들이 자기를 죽이려고 하기 때문에 유대 지방에서 다니기를 원하지 않으셨던 것입니다(요 7:1).

당시 사회의 종교적 분위기는 예수님에 대한 적대감으로 팽배했습니다. 특히 유대와 예루살렘에 사는 많은 유대 사람들이 예수님을 죽이려고 음모를 꾸미고 있었습니다. 그래서 예수님은 어린 시절을 보낸 갈릴리를 떠나지 않으셨습니다.

예수님은 육신적으로 형제 넷에 누이들이 있었습니다. 다음 구절에서 예수님의 가족 관계를 자세히 살펴볼 수 있습니다.

예수께서 이런 비유들을 끝마친 후에 그곳을 떠나셔서 고향으로 돌아가 유대 사람의 회당에서 사람들을 가르치기 시작하셨습니다. 사람들이 놀라 물었습니다. "이 사람의 이런 지혜와 기적을 행하는 이런 능력이 어디서 났느냐? 이 사람은 한낱 목수의 아들이 아니냐? 어머니는 마리아이고 동생들은 야고보와 요셉과 시몬과 유다가 아닌가? 그 누이들도 모두 우리와 함께 있지 않은가? 그런데 이 사람은 도대체 이 모든 것들을 어디서 얻었는가?"(마 13:53-56).

예수님의 가족은 상당히 당황하며 걱정합니다. 예수님이 갑자기 이상한 말을 하고 다닌다고 생각하기 때문입니다. "내가 하나님의 아들이다", "나는 하늘에서 내려온 살아 있는 빵이다", "나의 살은 참된 양식이고 나의 피는 참된 음료다"라고 말씀하시기 때문입니다.

예수님이 말씀하시는 진리를 듣고, 가장 힘들어한 사람들은 아마도 가족이었을 것입니다. 그중에서도 예수님과 함께 자란 형제들일 것입니다. 주위 사람들이 "예수가 미쳤다, 귀신 들렸다!"며 죽이려고 하자, 가족 입장에서는 수치스럽고, 괴로웠을 것입니다.

그런데 유대 사람들의 명절인 초막절이 가까워지자 예수의 동생들이 예수께 말했습니다. "이곳을 떠나 유대로 가십시오. 그래서 형님이 하는 일을 형님의 제자들도 보게 하십시오"(요 7:2-3).

동생들은 유대 사람들의 명절인 초막절을 맞아 예수님에게 유대로 갈 것을 권면합니다. "형님, 계속 이상한 소리만 하고 다니시는데, 그렇다면 이 갈릴리에서 떠들지 말고 모든 제자가 볼 수 있도록 유대로 올라가 보시오"라고 말합니다. 유대에서도 능력을 보이라는 것입니다. 육신의 형제들이 예수님 때문에 몹시 고민하고 있었음을 알 수 있습니다.

형제들은 예수님을 믿지 않고 의심하는 단계를 넘어 조롱하기까지 합니다. 아마 예수님으로 말미암아 상처를 받았기 때문일 것입니다.

> 세상에 알려지기를 바라면서 숨어서 행동하는 사람은 없습니다. 형님이 이런 일을 할 바에는 자신을 세상에 드러내십시오(요 7:4).

동생들은 예수님께 나타내기를 원하면서 묻혀 지내는 것은 모순이라고 주장합니다. 그들의 시각으로 보면 당연한 말입니다.

지난 2,000년간 예수님의 동생들과 똑같은 주장을 펴는 신학자들이 많았습니다. 즉 예수님 자신이 스스로 하나님의 아들이라 생각하고 스스로 믿었다고 주장한 것입니다. 오랫동안 전 세계적으로 공연되고 있는 뮤지컬 〈지저스 크라이스트 슈퍼스타〉(Jesus Christ Superstar)도 그런 배경에서 탄생한 작품입니다.

현대인들은 인간 예수는 이해할 수 있지만, 하나님의 아들 예수는 이해할 수 없다고 말합니다. 소외되고 가난한 사람을 돌보는 휴머니스트로서의 예수는 좋지만, 물 위를 걷거나 죽었다가 부활한 예수는 언급하지 말라고 말합니다. 예수님의 동생들도 마찬가지입니다.

또 현대인들은 예수님의 십자가와 보혈의 능력에 대해 거부 반응을 보입니다. 십자가에 매달려 피 흘리는 이야기는 현대인의 감성이나 이성에 어울리지 않는다는 것입니다. 그때나 지금이나 예수님을 믿지 않는 사람들은 주님을 조롱하고 빈정대며 비꼽니다.

> 예수의 동생들조차 예수를 믿지 않았기 때문에 이렇게 말한 것입니다(요 7:5).

이 말씀에서 세 가지 중요한 사실을 발견합니다. 첫째, 영적인 부분은 피를 나눈 형제, 가까운 친족이라도 다를 수 있다는 것입니다. 육신의 문제는 서로 이해할 수 있지만, 영적인 문제는 이해하지 못합니다. 하지만 예수님을 믿고 성령을 받은 그리스도인들은 서로 피를 나눈 형제 사이가 아니어도 항상 가깝게 지낼 수 있습니다. 영적인 문제는 육신의 문제와 다른 차원이기 때문입니다.

둘째, 예수님도 가족에게서 거부당한 일로 마음에 큰 상처를 안고 계시다는 사실입니다.

셋째, 예수님은 친형제들에게 불신당하고 상처를 받으셨지만, 원망이나 섭섭한 감정을 품지 않으셨다는 것입니다.

성경은 "그는 몸소 시험을 받으시고 고난당하셨기에 시험받는 사람들을 도우실 수 있습니다"(히 2:18)라고 기록합니다. 마구간에서 태어나신 예수님은 누구보다도 비천한 사람들을 잘 이해하십니다. 십자가에서 억울하게 죽임을 당하신 예수님은 억울한 일을 당한 사람들을 잘 이해하십니다. 고난을 겪으신 예수님은 고난을 당하는 사람들을 더욱 잘 이해하십니다.

히브리서 기자는 시험을 받아 고난을 당하는 사람들을 능히 도울 수 있는 분이 바로 예수님이라고 소개하고 있습니다. 베드로전서에도 비슷한 말씀이 있습니다.

> 여러분은 이것을 위해 부르심을 받았습니다. 그리스도께서도 여러분을 위해 고난을 당하시고 여러분에게 본을 남겨 주심으로 그분의 발자취를 따르게 하셨습니다(벧전 2:21).

그러나 동생들은 더 이상 가족들을 창피하게 하지 말고, 속히 유대로 올라가라고 예수님에게 권면합니다.

진정한 사랑은 오래 참고 기다린다

예수님이 동생들에게 말씀하십니다.

내 때는 아직 오지 않았다. 그러나 너희 때는 항상 준비돼 있다(요 7:6).

예수님의 때가 있고, 사람의 때가 있다는 말씀입니다. 동생들은 초막절을 맞이해 유대로 올라가야 하지만, 예수님은 자신이 하나님의 아들이요 참 메시아요 인류의 구세주이며 왕 중의 왕으로 만유의 주이심을 선포하고 사람들로 하여금 주님을 경배하게 하는 때를 기다리십니다.

"아직" 그때가 이르지 않았다는 것은 그때가 서서히 다가오고 있음을 의미합니다. 예수님이 십자가에 못 박혀 죽으시고 부활하여 참 메시아로서 높이 들리실 때가 오고 있다는 뜻입니다.

예수님은 가나의 혼인 잔칫집에서도 비슷한 말씀을 한 적이 있습니다. 어머니 마리아가 잔칫집에 포도주가 떨어졌다고 아들 예수님에게 알려 줍니다. 그 말은 "기적을 베풀어 달라"는 뜻입니다. 그때 예수님은 "아직 내 때가 이르지 않았습니다"라고 대답하셨습니다. 어쩌면 매우 매정하게 들릴 수 있는 말씀이기도 합니다. 그러나 이 말씀은 기적을 베풀지 않으시겠다는 게 아니라, 기적을 베풀 시간을 조절하고 계시다는 뜻입니다.

우리는 항상 예수님이 '지금 당장' 기적을 베풀어 주셨으면 하고 바랍니다. 그래서 기도나 금식 등 여러 가지 방법으로 하나님을 압박해 나갑니다. "나는 이렇게 급한데, 하나님은 왜 천천히 가십니까? 왜 오랜 시간을 기다리게 하십니까?" 하고 물으며 조급해합니다. 하지만 예수님은 "아직 내 때가 이르지 않았다"고 말씀하십니다. 이 말씀의 진정한 의미는 기적을 베풀 때가 서서히 다가오고 있다는 것입니다.

예수님은 요한복음에서 '때'에 대해 자주 언급하십니다. "인자가 영광 받아야 할 때가 왔다"(요 12:23)고 말씀하십니다. 예수님이 영광을 얻을 때란 영웅처럼 대접받고 환영받을 때가 아닌 십자가에 못 박혀 죽으실 때를 말합니다. 이어서 "밀알 하나가 땅에 떨어져 죽지 않으면 한 알 그대로 있고 죽으면 많은 열매를 맺게 된다"(요 12:24)고 말씀하십니다. 밀알 하나가 땅에 떨어져 죽는다는 것은 예수님이 십자가에서 죽음을 맞이하신다는 의미입니다. 한 알의 밀알이 땅에 떨어져 죽을 때, 영광과 기적과 구원의 역사가 일어납니다. 많은 사람이 인생의 정점을 영광과 갈채와 성공에 두는데, 예수님은 그것을 분명히 구분하십니다.

신앙생활은 '시간에 관한 이해'입니다. 구원도 시간의 이해에서 비롯됩니다. 우리는 초등학교, 중학교, 고등학교, 대학교를 졸업하고 나서 직장을 잡고 결혼하는 등 인생의 시간표에 맞춰 살아갑니다. 그러고는 하나님에게 자기 시간표에 맞춰 복을 내려 달라고 요구합니다. 맞추어 주시지 않으면 "하나님은 존재하지 않는다"며 볼멘소리를 하고, 하나님이 기도에 응답해 주시지 않는다고 불평합니다. 자기중심으로 모든 계획을 세우고, 시간표를 조정하는 것입니다.

그러나 순서가 잘못되었습니다. 우리는 하나님의 시간표를 인정하고, 그에 따라 살아야 합니다. 하나님은 각 사람에게 향하신 계획이 따로 있으셔서 각 시간표에 따라 복을 주시고, 인도하십니다.

하나님의 시간표에 자기 계획을 맞추어 가는 것이 영적 통찰력이며 믿음입니다. 그때 각 사람에게 주어진 고난을 이해할 수 있고, 인내하며 이겨 낼 수 있습니다.

인류 역사도 하나님의 시간이라는 관점에서 이해해야 합니다. 그러면 어느 날 우리는 "하나님이 옳습니다"라고 고백하게 될 것입니다. 예기치 않은 고난에 부딪혀도 역시 "하나님이 옳습니다" 하고 찬양하게 될 것입니다.

> 세상이 너희를 미워하지 못하고 나를 미워하는 것은 내가 세상이 하는 일들을 악하다고 증언하기 때문이다(요 7:7).

예수님은 동생들에게 또 한 가지 대답을 주십니다. 예수님이 세상의 모든 행위를 악하다고 증언하시기 때문에 세상 사람들이 그분을 미워한다는 것입니다. 심지어 종교 지도자들조차 하나님의 이름으로 세상 사람들과 똑같이 예수님을 미워한다는 것입니다.

예수님이 세상의 행사가 모두 악하다고 증언하시자 사람들이 주님을 미워하며 핍박합니다. 예수님은 "만일 내가 와서 그들에게 말하지 않았더라면 그들은 죄가 없었겠지만 그들은 이제 자기 죄를 변명할 길이 없다"(요 15:22)고 선언하십니다. 또 바울은 "죄의 대가는 죽음이요, 하나님의 은사는 그리스도 예수 우리 주 안에 있는 영생"(롬 6:23)이라고 선포합니다. 예수님이 세상의 악과 종교 지도자들의 위선을 예리하게 지적하시므로 사람들은 예수님을 미워하며 죽이려고까지 합니다.

"너희는 명절을 지키러 올라가거라. 나는 아직 내 때가 되지 않았으니 이번 명절에는 올라가지 않겠다." 이렇게 말씀하시고 예수께서는 갈릴리에 남아 계셨습니다(요 7:8-9).

동생들은 유대 사람의 명절을 맞이하여 유대로 올라갈 때 예수님을 모셔 가지 못합니다. 예수님은 자기 때에 활동하시는 분이기 때문입니다.

'사랑장'이라고도 불리는 고린도전서 13장을 보면, 사랑은 "오래 참고"로 시작합니다. 로마서의 의인은 "믿음으로 산다"는 개념이지만, 히브리서의 의인은 "기다림으로 산다"는 개념입니다.

믿음이란 조급해하는 것이 아니라 오래 참고 기다리는 것입니다. 평생 한 비전을 갖고 오직 한 믿음으로 나아가는 것입니다. "믿음으로 간다"는 말은 "기다림으로 간다"는 뜻입니다.

진정한 사랑은 그 대상을 오래 참고 기다립니다. 부모는 자식의

미숙함과 허물을 오래 인내하며 기다립니다. 자식이 온전한 성인으로 성장해 결혼할 때까지 부모는 모든 것을 수용하고 사랑으로 감싸 줍니다. 마찬가지로 하나님은 우리의 허물과 죄악을 오래 참고 기다리시며 기대를 놓지 않으십니다.

진정 고독한 순간이 언제인지 아는가?

가족들마저 떠나자 예수님은 홀로 남으십니다. 친동생들마저 자신을 이해해 주지 못하고 떠나갈 때, 주님은 얼마나 외로우셨을까요?

인생은 외로움 그 자체입니다. 삶에서 고독을 느낄 때 그것을 특별하게 생각지 말아야 합니다. 만약 우리 안에 하나님이 계시고 진리가 있다면, 인생의 고독과 허무를 두려워할 필요가 없습니다. 정말로 두려워할 것은 우리 안에 하나님이 계시지 않고 진리가 없는 것입니다.

진정 고독한 순간은 우리 안에 하나님이 계시지 않을 때입니다. 확신하지 못하는 것이 심각한 일이지, 홀로 있다는 것은 심각한 일이 아닙니다. 배우자가 옆에 있어도, 자식이 옆에 있어도 사람은 언제나 혼자일 수밖에 없는 고독한 존재입니다.

우리에게 진정한 위로는 하나님이 함께해 주신다는 사실입니다. 우리에게 진정한 축복은 진리이신 예수님을 믿고 의지하며 따르는 것입니다. 마음속에 "이생을 넘어 영원까지 주님과 함께 간다. 죽음을 초월하여 이 길을 가겠다"는 다짐과 믿음이 있어야 합니다.

성령님은 믿는 자들에게 믿음을 주십니다. 그러면 우리는 절대로 외롭지 않습니다. 오랫동안 참고 기다릴 수 있습니다. 소망을 갖고 다시 일어설 수 있기 때문입니다.

14

하나님의 뜻을 따르려는
사람은 알아봅니다

요한복음 7:10-24

예수님에 관해 엇갈리는 평가

세상 사람들은 예수님에 대해 다양한 반응을 보입니다. 더러 긍정적으로 생각하는 사람도 있고, 부정적으로 생각하는 사람도 있습니다. 예수님의 친동생들조차도 주님을 조롱하고 빈정댔고, 유대 사람들은 의심하고 서로 수군거립니다. 또 예루살렘에 모인 많은 사람은 "귀신이 들렸다"라고까지 말합니다. 바리새파와 종교 지도자들은 예수님을 체포하려고 합니다.

예수님은 누구이신가에 관하여, 당시와 마찬가지로 오늘날도 논란이 끊이지 않습니다. 어느 휴머니스트는 예수님은 "가장 아름다운 이상을 품은 인간"이었다고 말합니다. 최근 어떤 사람은 "예수는 신화"라는 극단적인 주장을 펼치기도 했습니다. 오히려 무신론자들이 예수님에 관해 함부로 말하지 않는 경향이 있습니다. 그들이 예수님의 존재를 부인하거나 무시하지 않는 이유는 주님께 어떤 신비한 힘이 있음을 알기 때문입니다.

예수님은 친형제들과 헤어져 유대 사람의 명절인 초막절을 지키기 위해 홀로 예루살렘으로 올라가십니다.

그러나 예수의 동생들이 명절을 지키러 올라간 후에 예수께서도 아무도 모르게 올라가셨습니다(요 7:10).

이 말씀에서 두 가지 사실에 주목합니다. 친형제들에게 "아직 내 때가 되지 않았으니 예루살렘에 올라가지 않겠다"고 말씀하신 예수님이 "동생들이 명절을 지키러 올라간 후에" 따로 올라가시는데, "아무도 모르게" 올라가십니다.

왜 예수님은 동생들에게 예루살렘에 올라가지 않겠다고 말씀하시고는 비밀리에 홀로 올라가실까요? 선뜻 이해가 되지 않는 상황입니다. 가나의 혼인 잔치에서 어머니 마리아가 포도주가 떨어졌다고 말했을 때, 예수님이 "어머니, 그것이 나와 당신에게 무슨 관계가 있다고 그러십니까? 아직 내 때가 이르지 않았습니다"(요 2:4)라고 말씀하시고선 물로 포도주를 만드셨던 때와 비슷한 맥락입니다. 왜 그러실까요?

예수님은 '때'를 중요하게 여기시기 때문입니다. 그래서 사역에 방해를 받지 않도록 미리 시간 계산을 하십니다. 예루살렘의 유대 사람들은 예수님이 언제 어디서 나타나시는가에 관심이 많았습니다. 불필요한 오해나 관심을 불러일으키지 않도록, 이르지도 않고 늦지도 않은 가장 알맞은 때에 예루살렘으로 올라가신 것입니다.

명절 동안 유대 사람들은 예수를 찾으며 말했습니다. "그 사람이 어디 있소?"(요 7:11).

유대 사람들은 초막절을 맞이해 예수님이 예루살렘으로 올라오실 것을 예상하고 있었습니다. 오셔서 또 무슨 말씀을 하시고 어떤 행동을 하실지, 예수님의 행보에 촉각을 곤두세우고 있었습니다. 그러면서 예루살렘에 모인 많은 순례자가 예수님에 관한 논쟁을 벌였습니다.

그곳에 몰려든 많은 무리 가운데서는 예수에 대해 말들이 많았습니다. 어떤 사람은 "그분은 선한 사람"이라고 하고 또 다른 사람은 "아니다. 그는 백성들을 현혹하고 있다"고 말했습니다. 그러나 앞에 나서서 예수께 대해 떳떳이 말하는 사람은 아무도 없었습니다. 유대 사람들이 두려웠기 때문입니다(요 7:12-13).

어떤 사람은 예수님의 말씀이 신선하고 충격적이라면서 예수님을 이기적이지 않고 진실한 인격을 지닌 좋은 사람으로 평가합니다. 항상 하나님 중심으로 말씀을 전하는 좋은 분이라고 말합니다. 그러나 그들의 평은 매우 피상적이며 부정확하고 부적절합니다. 예수님이 인류를 구원하러 오신 하나님의 아들이요 메시아이시라는 사실을 간과하고 있기 때문입니다.

예수님에 관한 오늘날의 평가도 마찬가지입니다. 흔히 사람들은 예수님을 가리켜 '선행의 아이콘, 성자'라고 말합니다. '인류 역사상 가장 탁월한 인물들 가운데 한 명'으로 말하기도 합니다. 그러면서도 예수님은 '하나님의 아들이시며 인류의 구원자'이시라는 말은 절대로 하지 않습니다.

그와 반대로, 예수님을 대중 선동가로 평하는 사람도 있습니다. 말씀은 신선하지만 전통 종교와 다른 맥락에서 기득권층을 흔드는 말을 많이 한다면서 거부감을 나타냅니다. 마치 예수님이 대중의 욕구에 영합하여 사람들의 주목을 끄는 말과 행동을 하는 매우 이기적인 거짓말쟁이인 것처럼 말합니다. 그러나 그들의 관점은 명백히 잘못되었습니다.

요즘도 그런 생각을 하는 사람이 많습니다. 심지어 예수님이 사생아이며 신화적으로 부풀려진 인물이라고 주장하는 책들이 잘 팔리고 있습니다. 예수님 시대에는 더욱 심한 표현도 있었습니다. 마태복음 11장을 보면, 사람들이 예수님을 가리켜 "여기 먹보에다 술꾼 좀 보라. 게다가 세리와 죄인과도 친구가 아닌가?" 하고 조롱했다고 말합니다. 그리고 12장에서는 "귀신의 왕 바알세불의 힘을 빌려 귀신을 내쫓는다"고까지 말합니다.

제자들의 태도는 더욱 놀랍습니다. 가룟 유다는 예수님을 팔아넘겨 십자가에서 죽으시게 만들었고, 베드로는 주님을 세 번이나 부인했으며 도마는 주님의 부활 소식을 듣고도 믿지 못했습니다. 예수님에 관한 오해와 편견은 2,000년이 지난 오늘날까지도 계속되고 있습니다.

하나님 말씀이기에 힘이 있다

예수님이 예루살렘 성전에서 가르치시자 사람들은 "학문도 없이 뭘 안다고 가르치느냐?"며 무시하는 한편, "배운 것도 없는 사람이 어떻게 저렇게 잘 가르치는가?" 하고 놀라기도 합니다.

> 명절이 반쯤 지났을 때에야 비로소 예수께서는 성전으로 올라가 가르치기 시작하셨습니다. 유대 사람들은 놀라서 말했습니다. "이 사람은 배우지도 않았는데 어떻게 이런 것을 아는가?"(요 7:14-15).

사람들은 예수님의 기적뿐 아니라 가르침에 대해서도 감탄합니다. 그러나 주님의 가르침을 받아들이지는 않습니다. 예수님의 말씀에 맞서지는 않지만, 종교적으로나 정서적으로 받아들이기는 어려워했던 것을 알 수 있습니다.

예수님의 구약에 관한 지식과 통찰력은 어떤 종교 전문가도 따라갈 수가 없습니다. 심지어 예수님이 열두 살 때 성전에서 제사장들과 토론하는 모습을 보고 주변 사람들이 놀랐다는 기록도 있습니다. 실제로, 예수님은 누구도 가르친 적이 없는 아주 독특한 교훈을 주셨습니다. 2,000년이 지난 지금도 예수님의 가르침은 월등히 탁월합니다.

예를 들면, 하나님 나라에 관한 내용은 이전에는 아무도 말하지 않았던 것입니다. 예수님 이후로 하늘나라에 관해 언급한 사람도 아무도 없습니다. 죄 사함과 사랑에 대한 가르침도 마찬가지입니다. 어떤 종교의 창시자도 예수님만큼 차원 높은 사랑과 죄 사함에 관해 설파한 적은 없습니다.

예수님은 인간 삶의 기준을 명확하게 말씀하십니다. 진리, 성령, 어둠의 세력, 종말 등에 대해서도 분명한 가르침을 주십니다. 구약에서 어떤 예언자도 얘기하지 못한 내용입니다. 예수님 이후 많은 철학자와 사상가들이 등장했지만, 예수님의 가르침에는 감히 범접하지 못했습니다. 주님의 말씀에는 권위와 영적 통찰력이 있어서 당시 사람들은 말씀을 듣고 마치 감전된 것처럼 커다란 충격을 받았습니다. 하지만 그들은 예수님의 말씀을 받아들이지 않았고, 심지어 비판하며 공격하는 자세를 취했습니다.

예수께서 대답하셨습니다. "나의 가르침은 내 것이 아니고 나를 보내신 분의 것이다"(요 7:16).

예수님은 사람들에게 "나의 가르침은 나의 사상이나 지식이 아니다"라고 분명히 밝히십니다. 사람은 자신의 경험이나 사상을 주장하지만, 예수님은 하나님의 뜻을 선언하고 전파하십니다. 설교자는 강대상에서 "개인의 생각이 아닌 성경의 메시지를 전하는 사람"입니다.

하지만 설교가 끝난 후에도 매사 그런 식으로 말하기는 어려운

것이 사실입니다. 신문 사설이나 텔레비전 논평은 사람의 사상이
지 설교가 아닙니다. 우리는 하나님 말씀을 선포하고 전파해야 합
니다.

예수님은 자신의 말이 곧 하나님의 뜻임을 천명하십니다. 그리
고 그와 관련해서 세 가지를 말씀하십니다. 첫째, 예수님의 교훈이
스스로 하는 말인지 하나님에게서 온 것인지 알고 싶으면, 하나님
의 뜻을 직접 행해 보라고 말씀하십니다.

> 누구든지 하나님의 뜻을 따르려는 사람은 이 가르침이 하나님에게
> 서 온 것인지 내가 내 마음대로 말하는 것인지 알 것이다(요 7:17).

하나님의 뜻을 행하다 보면, 예수님의 말씀이 하나님의 뜻인지
아닌지를 알게 되리라는 것입니다.

둘째, 스스로 생각하고 말하는 자는 자기 영광을 구하는 것이라
고 말씀하십니다. 그런 사람은 하나님의 뜻이 아닌 자신의 목적과
뜻을 말합니다.

> 자기 마음대로 말하는 사람은 자기가 영광을 받으려고 하는 것이
> 다. 그러나 자기를 보내신 분의 영광을 위해 일하는 사람은 진실하
> 며 그 안에 거짓이 없다(요 7:18).

하나님께 영광을 돌리는 것이 주님의 뜻입니다. 따라서 찬양할 때, 하나님께 영광을 돌리지 않는 것은 위험합니다. 인간적이고 세상적인 설교도 위험하기는 마찬가지입니다.

예전에 사회적으로 큰 문제가 된 사건이 일어났을 때, 청년들이 나를 찾아와 "왜 목사님은 비겁하게 그에 관한 설교를 하지 않습니까?" 하고 항의한 적이 있습니다. 내 대답은 단순했습니다. "오늘 본문에는 그에 관련된 말씀이 없습니다." 나는 본문을 임의로 선택해 내가 하고 싶은 말을 전하는 설교를 하지 않습니다. 하나님의 이름과 그 몸 된 교회를 빌어서 사람의 사상이나 철학을 주장한다면, 그것은 하나님의 영광이 아닌 자기 영광을 구하는 것입니다. 교회에서는 사람의 말이 아닌 하나님의 말씀을 선포해야 한다는 것에는 타협의 여지가 없습니다.

예수님을 만나 인생길이 바뀌다

셋째, 하나님의 영광을 구하는 자는 그 속에 불의가 없다고 말씀하십니다. 예수님은 흠이 없으신 분입니다. 그로 말미암아 많은 오해와 비판과 공격을 받으시고, 마침내 십자가에 못 박혀 죽임을 당하셨습니다. 그리고 잠시 인류의 역사 뒤로 사라지셨습니다. 당시에는 예수님이 이렇게 오래도록 기억되리라고는 아무도 생각하지 못했습니다. 그러나 진리는 사라지지 않고 영원합니다. 진리는 죽어도 다시 사는 것입니다.

> 모세가 너희에게 율법을 주지 않았느냐? 그러나 너희 중에 율법을
> 지키는 사람이 하나도 없구나. 도대체 너희는 왜 나를 죽이려 하느
> 냐?(요 7:19).

사람들은 예수님의 진리 말씀을 듣고 이해가 되지 않자 말꼬리
를 잡습니다. 원뜻은 까맣게 잊은 채 몇 가지 표현을 붙잡고 늘어
지면서 공격합니다.

> 무리가 대답했습니다. "당신은 귀신 들렸소. 누가 당신을 죽이려고
> 한다는 것이오?"(요 7:20).

사람들은 예수님을 귀신 들린 사람으로 몰아갑니다. 예수님이
행하신 기적을 귀신의 힘이라고 말합니다. 그러나 예수님을 욕하
면 욕한 사람만 괴롭습니다. 하나님이 없다고 큰소리치는 사람만
괴롭게 된다는 것입니다. 하나님은 분명히 살아 계시기 때문입니
다.

세상 사람들이 불신하고 조롱하며 모욕하는 예수님, 많은 사람
이 그분을 발견하고 만나 변화된 삶을 살게 됩니다. 경건한 사람
들, 심령이 가난한 사람들, 고통과 절망 가운데 있던 사람들이 구

세주 예수님을 믿고 따릅니다. 예수님을 막는 세력이 아무리 거세다 해도 주님을 발견하고 믿는 사람들은 생기게 마련입니다.

베드로도 결국 예수님을 만났습니다. 처음에는 비겁했지만, 성령님이 임하시자 예수님을 볼 수 있는 눈을 뜨게 되고 순식간에 용감한 사도로 변했습니다. 베드로는 죽음을 각오하고 예수님을 전했습니다. 의심 많던 도마도 부활하신 예수님을 만난 후에 "나의 주 나의 하나님"이라고 고백하며 무릎을 꿇었습니다. 예수님을 핍박했던 바울도 다메섹 도상에서 부활하신 예수님을 만나고 인생의 대전환을 맞았습니다. 그는 예수님을 위해 감옥에 갇히기도 하고 자신이 자랑으로 삼던 모든 것을 버렸습니다.

성 어거스틴(St. Augustine), 마르틴 루터(Martin Luther), 존 칼빈(John Calvin) 등도 마찬가지입니다. 존 웨슬리(John Wesley)는 풍랑을 만나 죽을지도 모르는 극한 상황에서 하나님을 만났습니다. 18세기 경 건주의 운동을 이끈 모라비안 형제회 사람들도 예수님을 만났습니다. 하나님을 만난 윌리엄 캐리(William Carey)는 인도에 가서 복음을 전했고, 케임브리지 대학 크리켓 선수로 유명했던 C. T. 스터드(Charles Thomas Stud)는 예수님을 만난 후 중국 복음화를 위해 허드슨 테일러(James Hudson Taylor)와 일하기로 하고 케임브리지 대학 출신의 젊은이 여섯 명과 함께 떠남으로써 '케임브리지 7인'으로 불렸습니다. 그는 53세에 "식인종들도 선교사를 기다린다"고 쓰인 포스터를 보고, 여생을 아프리카 선교에 바쳤습니다. 허드슨 테일러는 일생을 바쳐 중국에서 복음을 전했습니다. 주기철 목사, 손양원 목사는 끔찍한 고문을 받으면서도 예수님을 전했고, 특히 손 목사는 자신의 두 아들을 폭행해 살해한 공산당원을 용서하고 양아들로 받아들였습니다.

이처럼 우리 주변에는 예수님을 위해 순교한 사람들의 이야기가 많습니다. 사람들은 대개 돈, 권력, 인기 등이 있는 곳으로 몰려듭니다. 더럽고 비참하고, 손해 볼 것 같은 곳에는 아무도 주목하지 않습니다. 하지만 예수님을 만난 사람들은 열악한 환경을 오히려 찾아갑니다. 온갖 위험을 무릅쓰고 선교 현장에서 이름도 없이 빛도 없이 헌신하며 수고하는 하나님의 사람들이 얼마나 많은지 모릅니다.

예수님은 지금도 우리를 위로하고 치유하시며 인생의 의미와 목적을 찾도록 도우십니다. 예수님이 2,000년 전에 십자가에 처형되어 무덤에 묻힌 사람에 불과하다면, 누가 자신의 모든 것을 걸고 복음을 위해 달려가겠습니까?

영국의 대주교가 인터뷰하는 장면을 본 적이 있습니다. 기자가 그에게 "교회가 가난한 사람들을 어떻게 대해야 한다고 생각합니까?"라고 묻자 그는 "나는 그에 관해 말할 자격이 없습니다. 대주교인 나를 섬기기 위해 시종 50명이 일하고 있고, 나는 영국에서 가장 훌륭한 성에서 살며 가장 좋은 침대에 누워 잠을 잡니다. 그런 사람이 무슨 말 할 자격이 있겠습니까? 나는 가난한 사람을 위해 살아야 한다고 말하는 사람들을 별로 좋아하지 않습니다. 그들은 말만 할 뿐 실제로는 그렇게 살지 못하기 때문입니다"라고 대답했습니다.

예수님을 만난 사람만이 하나님의 말씀을 진실하게 전하고, 온전한 헌신을 이룰 수 있습니다. 예수님은 지금도 살아 계셔서 우리와 함께하십니다. 우리 삶의 순간마다 임재하시는 예수님을 지금 만나십시오!

●

15

믿는 사람만이
예수님의 말씀을 이해합니다

요한복음 7 : 25 - 36

●

예수님에 관한 수많은 증언을 들어보라

신약성경은 모든 말씀을 예수님 한 분에게 초점을 맞춥니다. 신약을 기록한 여러 기자는 예수님에 관해 이렇게 말합니다.

요한복음 기자는 "그분은 태초에 하나님과 함께 계셨습니다. 모든 것이 그분을 통해 지음 받았으며 그분 없이 된 것은 아무것도 없었습니다. 그분 안에는 생명이 있었습니다. 그 생명은 사람들의 빛이었습니다"(요 1:2-4)라고 말합니다.

빌립보서 기자는 "그분은 본래 하나님의 본체셨으나 하나님과 동등됨을 기득권으로 여기지 않으시고 오히려 자신을 비워 종의 형체를 가져 사람의 모양이 되셨습니다. 그리고 그분은 자신을 낮춰 죽기까지 순종하셨으니, 곧 십자가에 달려 죽으신 것입니다"(빌 2:6-8)라고 증언합니다.

골로새서 기자는 "하나님의 아들은 보이지 않는 하나님의 형상이요 모든 피조물보다 먼저 나신 분이십니다. 이는 하늘과 땅에 있는 모든 것들, 곧 보이는 것들과 보이지 않는 것들, 보좌들과 주권들과 권력들과 권세들이 하나님의 아들 안에서 창조됐기 때문입니다. 만물이 아들로 인해 창조됐고 아들을 위해 창조됐습니다. 하나님의 아들은 만물보다 먼저 계시고 만물은 그분 안에 함께 서 있습니다"(골 1:15-17)라고 증언합니다.

히브리서 기자는 "이 마지막 날에 아들을 통해 우리에게 말씀하셨습니다. 하나님께서는 그 아들을 만물의 상속자로 세우시고 또한 그를 통해 모든 세상을 지으셨습니다. 그 아들은 하나님의 영광의 광채이시며 하나님의 본체의 형상이십니다. 또한 그분은 그분의 능력 있는 말씀으로 만물을 붙드시며 그 자신을 통해 죄를 깨끗케 하는 일을 하시고 높은 곳에 계시는 존귀한 분의 오른편에 앉으셨습니다"(히 1:2-3)라고 전합니다.

요한계시록 기자는 "그들은 새 노래를 부르며 말했습니다. '주는 그 책을 취해 인들을 떼기에 합당하십니다. 이는 주께서 죽임을 당하심으로 주의 피로 모든 족속과 언어와 백성과 나라들로부터 사람들을 하나님께로 구속해 드리셨고 그들로 우리 하나님께 나라와 제사장들이 되게 하셨으므로 그들이 땅 위에서 왕 노릇 하게 될 것입니다'"(계 5:9-10)라고 전하며 "그들은 큰 소리로 말했습니다. '죽임을 당하신 어린 양은 능력과 부귀와 지혜와 힘과 존귀와 영광과 찬양을 받으시기에 합당하십니다.' 또 나는 하늘과 땅과 땅 아래와 바다에 있는 모든 피조물들과 그 안에 있는 모든 것들이 '보좌에 앉으신 분과 어린 양께 찬송과 존귀와 영광과 능력이 영원토록 있기를 빕니다'라고 하는 소리를 들었습니다. 이에 네 생물은 '아멘' 하고 화답했고 장로들은 엎드려 경배했습니다"(계 5:12-14)라고 계시합니다. 그는 환상 속에서 만물이 예수님께 경배와 찬양을 드리고, 존귀와 영광을 바치는 것을 봅니다. 땅에서뿐만 아니라 하늘에서도 천군 천사와 네 생물과 하늘나라에 먼저 올라간 성도들이 죽임당하신 어린 양 예수 그리스도께 경배하며 영광과 존귀를 올려드리는 모습을 보고 증언합니다.

그런데 예수님 시대에는 사람들이 예수님을 조롱하고 비방하며 심지어 죽이려고까지 합니다. 예수님이 귀신 들렸다며 몰아붙이고, 예수님을 잡아들이기 위해 음모를 꾸밉니다.

우리는 예수님을 어떻게 생각하고 있습니까? 의심하고 미워하며 저주하지는 않더라도 그냥 무덤덤하게 여기고 있지는 않습니까? 몸은 교회에 와 있지만, 아직도 예수님을 경험하지 못하고, 그분의 실존을 믿지 못하는 사람이 있을 것입니다.

당시에도 주님에 관한 논쟁이 끝없었습니다. "예수가 대체 누구냐?" "좋은 사람이다." "아니다, 민중을 선동하는 불순분자다!" 여러 주장이 공방했습니다.

예수님이 명절을 맞아 예루살렘으로 올라가 성전에서 공개적으로 가르치시자 유대 사람들이 세 가지 질문을 던집니다.

바로 그때 몇몇 예루살렘 사람들이 말했습니다. "이 사람이 바로 그들이 죽이려는 사람이 아닌가? 보시오. 그가 여기서 공공연하게 말하고 있는데도 저들이 아무 말도 하지 못하는 것을 보니, 관리들도 정말 이 사람을 그리스도로 알고 있는 것이 아닌가?"(요 7:25-26).

첫 번째 질문은 "바로 그들이 죽이려던 사람이 예수가 아닌가?" 입니다. 당시 종교 지도자, 권력자, 기득권자들이 예수님을 눈엣가시처럼 여기고 죽이려고 했던 이유는 무엇일까요?

두 번째 질문은 "만약 예수가 나쁜 사람이라면, 많은 사람 앞에서 공개적으로 가르칠 때 체포하지 않는 이유가 무엇인가?"입니다. 그러면서 "당국자들이 예수를 그리스도로 알고 있는 것은 아닐까?" 하고 의문을 남깁니다.

세 번째 질문은 이것입니다.

그러나 무리 가운데서 많은 사람이 예수를 믿었습니다. 그들은 "그리스도께서 오시더라도 이분보다 더 많은 표적들을 행하시겠는가?" 라고 말했습니다(요 7:31).

앞서 두 질문이 빈정대는 투라면, 세 번째는 예수님에 관해 긍정적인 태도를 보입니다. 당시 사람들 사이에 예수님이 그리스도인지 아닌지에 관한 논쟁이 크게 벌어졌습니다. 예수님의 말씀과 능력, 사랑과 희생 등을 종합해 보면, 정녕 메시아가 온다고 하더라도 "예수보다 더 뛰어나겠느냐?"라는 주장도 있었습니다. 이런 논쟁은 2,000년이 지난 지금도 변함이 없습니다. 하지만 예수님보다 더 위대하고 온전하며 큰 사람은 아직까지 없었습니다.

믿으면 열리고, 믿지 않으면 닫힌다

예수님을 메시아로 보지 않는 사람들도 많았습니다. 특히 예수님과 함께 자랐던 사람들이 더욱 그랬습니다. "우리는 예수님의 고향도 알고, 아버지도 알고, 어떻게 자랐는지 다 알고 있어. 게다가 그리스도께서 오신다면 어디에서 오실지 아무도 모를걸? 그러니 어떻게 이 사람이 메시아란 말인가?" 하고 의혹을 제기합니다(요 7:27 참조).

그러자 예수께서는 성전에서 가르치시다가 큰 소리로 말씀하셨습니다. "너희는 나를 알고 또 내가 어디에서 왔는지 안다. 그러나 나는 이곳에 내 스스로 온 것이 아니다. 나를 보내신 분은 참되시다. 너희는 그분을 알지 못하지만 나는 그분을 안다. 내가 그분에게서 왔고 그분은 나를 보내셨기 때문이다"(요 7:28-29).

예수님을 믿지 않기로 작정한 사람들에게 아무리 메시아라고 설명해 줘도 그들은 믿지 않습니다. 예수님은 그들에게 두 가지를 말씀해 줍니다. "너희가 나에 대해 안다고 말하지만, 나는 스스로 온 것이 아니다." 보내신 분이 따로 계시다는 뜻입니다. "너희는 나를 보내신 분이 누구이신 줄 모르지만 나는 안다." 하지만 이 말씀은 예수님을 의심하고 있는 사람들에게는 뜬구름 잡는 것과 같습니다.

신앙이란 참으로 묘한 것입니다. 그 실체가 잡히기 전까지 아무 것도 알 수 없기 때문입니다. 예수님을 믿는 사람들은 때로 바보처럼 보이기도 합니다. 세상 사람들은 그들의 믿음을 이해할 수 없으며 용납할 수도 없습니다. 그러나 그러면서도 예수님을 완전히 포기하고 등을 돌리는 게 아니라, 주위를 맴돌며 자꾸 기웃거리는 사람들이 있습니다. 이처럼 말로 설명할 수 없는 것이 신앙이고 믿음의 세계입니다.

이 말에 그들은 예수를 붙잡으려고 했습니다. 그러나 아직 때가 되지 않았기 때문에 아무도 그분에게 손댈 수 없었습니다(요 7:30).

바리새파 사람과 율법학자들은 틈만 나면 사람들을 보내 예수님을 체포하려 하고, 그분의 말씀에서 흠을 잡으려 애쓰지만, 그들 뜻대로 되지는 않습니다.

사람들이 예수께 대해 이렇게 수군거리는 것을 바리새파 사람들이 들었습니다. 대제사장들과 바리새파 사람들은 예수를 잡으려고 성전 경비병들을 보냈습니다(요 7:32).

왜 그들은 예수님을 잡아 죽이려고 할까요? 예수님이 무엇을 잘못하셔서가 아닙니다. 그들이 잘못해서입니다. 자신들이 불의하므로 참진리를 제거하려는 것입니다.

> 예수께서 말씀하셨습니다. "나는 잠시 동안 너희와 함께 있다가 나를 보내신 분께로 갈 것이다. 너희가 나를 찾아도 만나지 못할 것이요, 또 내가 있는 곳에 너희가 올 수도 없을 것이다"(요 7:33-34).

예수님이 네 가지를 말씀하십니다. "잠시만 너희와 함께 있겠다.""나를 보내신 분께로 돌아갈 것이다.""그때는 너희가 나를 찾아도 만나지 못할 것이다.""너희는 내가 있는 곳에 올 수도 없다." 예수님을 믿지 않는 사람들에게는 말도 안 되는 소리일 것입니다. 그러나 예수님을 믿는 사람들은 얼마든지 이해할 수 있는 말씀입니다. 우리는 천국이 있다는 말씀을 이해합니다. 하나님이 살아 계시다는 말씀을 믿습니다. 이런 말씀을 들을 때마다 우리 마음속에는 기쁨, 자신감, 용기, 희망, 확신 등이 솟아납니다.

천국이 있다면, 지금 죽는다고 해도 괜찮습니다. 질병이든 실패든 절망 따위는 큰 문제가 되지 않습니다. 예수님이 다시 오신다는 말씀은 곧 "우리가 승리한다"는 뜻이니 큰 위로와 축복이 됩니다.

하지만 믿지 않는 사람들에게는 이 말씀이 갈등과 혼란을 안기는 걸림돌입니다. 당시 예수님을 잘 모르고, 제대로 이해하지 못해서 갈등과 혼란에 빠져 사는 사람이 많았습니다.

그러자 유대 사람들이 서로 말했습니다. "이 사람이 어디로 가기에 자기를 찾지 못할 것이라고 하는가? 그리스 사람들 가운데 흩어져 사는 유대 사람들에게 가서 그리스 사람들을 가르치겠다는 것인가? 또 '너희가 나를 찾아도 만나지 못할 것이요, 또 내가 있는 곳에 너희가 올 수도 없을 것이다'라고 한 말은 도대체 무슨 뜻인가?"(요 7:35-36).

예수님을 만난 사람들 중에 믿지 않는 유대 사람들이나 니고데모와 같은 사람들이 있습니다. 니고데모는 유대의 관원이요 종교 지도자이며 지성인이었습니다. 그러나 그는 "누구든지 다시 태어나지 않으면 하나님 나라를 볼 수 없다"는 예수님의 말씀에 당황했습니다. 니고데모는 예수님의 말씀을 알아듣지 못한 게 아니라 말씀에 담긴 영적 의미를 깨닫지 못한 것입니다.

그가 되물었습니다. "나이가 들어 늙은 사람이 어떻게 다시 태어나겠습니까? 태어나려고 어머니의 뱃속으로 다시 들어갈 수 없지 않습니까?" 예수님은 그에게 "누구든지 물과 성령으로 태어나지 않으면 하나님 나라에 들어갈 수 없다"고 말씀하십니다. 많은 사람이 니고데모처럼 예수님의 말씀을 이해하지 못하고 있습니다.

무덤덤함에 마침표를 찍으라

예수님이 "내가 바로 생명의 빵이다"(요 6:35)라고 말씀하셔도 사람들은 이해하지 못합니다. "이 물을 마시는 사람마다 다시 목마를 것이다. 그러나 내가 주는 물을 마시는 사람은 영원히 목마르지 않을 것이다. 내가 주는 물은 그 사람 안에서 계속 솟아올라 영생에 이르게 하는 샘물이 될 것이다"(요 4:13-14)라고 말씀해 주시는데도 전혀 깨닫지 못합니다.

믿는 사람만이 예수님의 말씀을 이해합니다. 주님의 말씀을 듣고 받아들이는 사람만이 하나님을 볼 수 있습니다. 영생이 보이고, 천국이 보이고, 구원이 보입니다. 그래서 믿음은 곧 축복입니다.

예수님을 반대하고 조롱하는 사람이나 예수님께 무관심한 사람은 들어도 듣지 못하고, 깨닫지 못하니 구원을 얻지 못합니다. 그래서 예수님이 천국에 관해서는 비유로 말씀하신 것입니다. 제자들도 처음에는 예수님을 제대로 알지 못했습니다. 3년간 예수님과 함께 생활하고, 십자가에서 죽으시고 무덤에서 부활하신 모습을 목격해도 주님을 올바로 이해하지 못합니다.

영적 진리는 어느 순간 갑자기 깨달아지지 않습니다. 시간이 흐르면서 차츰 하나씩 깨달아 가고, 진리가 자리를 잡아 갑니다.

그러므로 예수님에 관한 진리를 아직 온전히 깨닫지 못했더라도 속상해하지 마십시오. 예수님께 접붙이고 있으면, 성경을 꾸준히 읽고 공부하며 말씀을 들으면 눈과 귀가 자연스럽게 열립니다.

나는 믿음의 가정에서 태어나 자랐기 때문에 기독교 문화에 매우 익숙했습니다. 하지만 예수님을 경험하지 못한 채 교회만 다녔습니다. 그때 내 주변에는 예수님을 만난 뒤 감격에 겨워 기쁘게 신앙생활 하는 사람들이 있었는데, 그들을 도저히 이해할 수 없었습니다. 그들이 하는 말은 다 과장된 거짓말같이 느껴졌습니다.

그러던 어느 날 새벽 5시에 혼자 산에 올라가 무릎을 꿇었습니다. 그리고 "하나님! 살아 계시다면 말씀해 주세요. 이런 덤덤한 신앙 말고, 저 사람들이 만났던 예수님을 나도 만나게 해 주세요!" 하고 따지듯이 기도했습니다.

그 뒤에 어떤 계기를 통해 하나님이 정말로 나를 찾아오셨습니다. 성령이 임하신 것입니다. 얄궂게도 내가 별로 좋아하지 않던 사람을 통해 은혜를 주셨습니다. 그 사람이 마침 지나가기에 붙잡고 기도를 부탁했는데, 그때 성령이 임한 것입니다. 기도 가운데 말씀이 밀려들어 오고, 내 안에서 기쁨이 솟구쳤습니다. 처음으로 주님이 내 마음을 어루만져 주시고, 흔들리는 믿음을 붙잡아 주시는 것을 체험했습니다. 마음이 녹아 부드러워졌으며 눈물이 하염없이 흘렀습니다. 그때 느꼈던 가슴 벅찬 감동이 지금도 생생합니다.

그때 확신했습니다. 예수님과의 만남은 결코 무덤덤할 수 없다는 사실을 말입니다. 주님을 향한 믿음은 관념이 아닌 실재입니다. 예수님을 경험하고 나면, 밤새워 성경을 읽고 찬송하게 됩니다. 알 수 없는 어떤 힘이 생겨나 참을 수 없고 견딜 수 없게 됩니다. 놀라운 영적 실재를 경험하기 때문입니다.

그러니 무덤덤한 신앙생활에 마침표를 찍으십시오. 교회를 오가는 것이 신앙생활의 전부가 될 수 없습니다. 주님은 분명히 살아계시므로 오랫동안 이해하지 못했던 일들이 언젠가는 이해되고 해석될 것입니다. 또한 하나님의 은혜는 자기가 별로 좋아하지 않는 사람을 통해서도 임한다는 사실을 기억하십시오.

영적인 체험이 인생을 바꿉니다. 삶의 목표가 달라지고, 발길이 닿는 곳이 달라지며, 사람들과 나누는 대화가 달라집니다. 어쩌면 주변 사람들이 나를 보고 "미쳤다"고 말하지도 모릅니다. 예수님을 믿고 미쳤다는 소리를 한 번 들어보지 않았다면, 오히려 이상할 것입니다.

예수님을 믿는 삶은 감동 그 자체입니다. 성령의 감동과 기쁨을 체험해 보십시오. 실패와 좌절로 점철된 삶을 살았더라도 이제 다시 일어나 영적인 도전에 임하십시오. 반드시 믿음의 간증을 기쁘게 할 날이 올 것입니다.

16

주님이 일어나
큰 소리로 나를 부르십니다

요한복음 7 : 37-39

실로암 연못에서 물을 떠다가 붓는 축제날에 말씀하시다

요한복음 7장에는 유대 사람들의 3대 명절 중 하나인 초막절이 여섯 번이나 언급되고 있습니다. 성경에서 한 장에 초막절이 이렇게나 많이 소개된 예가 없을 정도로 특이한 경우입니다.

그런데 유대 사람들의 명절인 초막절이 가까워지자(요 7:2).

너희는 명절을 지키러 올라가거라. 나는 아직 내 때가 되지 않았으니 이번 명절에는 올라가지 않겠다(요 7:8).

그러나 예수의 동생들이 명절을 지키러 올라간 후에 예수께서도 아무도 모르게 올라가셨습니다(요 7:10).

명절 동안 유대 사람들은 예수를 찾으며 말했습니다. "그 사람이 어디 있소?"(요 7:11).

명절이 반쯤 지났을 때에야 비로소 예수께서는 성전으로 올라가 가르치기 시작하셨습니다(요 7:14).

초막절의 가장 중요한 날인 마지막 날에 예수께서 일어나 큰 소리로 말씀하셨습니다. "누구든지 목마른 사람은 다 내게로 와서 마시라"(요 7:37).

초막절이 자주 언급된 이유가 있습니다. 예수님이 말씀하시려는 내용과 초막절의 의미가 서로 연결되어 있기 때문입니다.

유대 사람들은 유월절, 칠칠절, 초막절을 대표적인 명절로 꼽습니다. 그중 초막절은 장막절이라고도 불립니다. 초막이든 장막이든 쉽게 설명하자면, '천막'입니다. 즉 천막 절기라고 말할 수 있습니다.

이스라엘 백성은 이집트를 탈출해 광야에서 40년간 방황했습니다. 그들은 약속된 축복의 땅에 들어가기 위해 40년 동안이나 광야 생활을 해야 했습니다. 광야에는 안정적으로 거주할 수 있는 집이 없었기 때문에 천막을 치고 생활했습니다. 하나님은 만나와 메추라기를 보내 그들을 먹여 주시고, 반석에서 생수를 내게 해 그들을 마시게 하셨습니다.

이스라엘 백성은 광야에서 40년 동안 장막에서 생활할 때 하나님이 은혜로 주셨던 만나, 메추라기, 생수, 불기둥, 구름기둥 등을 기억하기 위해 7일간 대축제를 열었는데, 그것이 바로 초막절입니다. 민족적 대축제인 것입니다.

또한 이스라엘 백성은 한 해에 세 번 추수하는데, 마지막 추수 때가 바로 초막 절기입니다. 성경 말씀처럼 첫날에는 아름다운 과실과 종려 나뭇가지와 시내 버들을 들고 춤추며 노래합니다(레 23:39-43 참조). 지금의 추수감사절과 같습니다. 일 년의 마지막 추수 때, 하나님이 비를 주고 농사를 잘 짓게 하셔서 풍성한 결실을 거두게 하신 것을 감사하며 일주일 동안 하나님께 제물을 드리며 축제를 벌입니다.

민족 절기 행사에는 제단 위에 제물을 올려놓습니다. 제물에는 포도주를 붓는 것이 일반적인데, 초막절에는 물을 붓습니다. 백성은 이사야서와 시편 말씀을 낭송하면서 "풍성한 비를 주셔서 감사합니다. 내년에도 풍성한 비를 주셔서 농사를 잘 짓게 해 주십시오"라는 의미로 물을 붓습니다. 제사장은 많은 사람과 함께 실로암 연못에 가서 물을 길어다 수문(water gate)을 거쳐 제단으로 가서 물을 붓습니다. 이것은 뒤에 소개될 예수님의 말씀과 상징적으로 연결됩니다.

축제는 7일간 계속되며, 마지막 날은 큰 날로 행사의 절정에 달합니다. 그날을 하나님께 사죄하는 날로 선언하고, 실로암 연못에서 떠 온 물을 제단에 계속 붓고, 나팔을 불며 종려 나뭇가지를 흔들고 환호하며 춤춥니다.

누가 목마른 자를 애타게 부르는가

사람들이 종려 나뭇가지를 흔들며 춤추고 있을 때, 예수님이 일어나 무리를 향해 큰 소리로 외치십니다.

누구든지 목마른 사람은 다 내게로 와서 마시라 (요 7:37).

오늘날도 하나님은 우리에게 초청 메시지를 보내십니다. 성경 말씀의 전체 그림은 한마디로 하나님의 초청입니다. 비록 인류가 하나님을 떠나 세상에서 죄악된 삶을 살고 있지만, 하나님은 온 인류를 부르십니다. 그 초청은 "저녁에 밥 한 끼 같이 먹자"라는 가벼운 초대가 아니라 영원하고 복된 행복한 세계로의 초대입니다.

다음 말씀에도 예수님이 우리를 초청하시는 메시지가 있습니다.

> 수고하고 무거운 짐을 진 모든 사람은 다 내게로 오라. 내가 너희를 쉬게 할 것이다(마 11:28).

초청이란 반갑고 기쁜 것입니다. 사람이 누군가한테서 초청을 받으면 '그가 나를 기억하고 있구나. 나는 그에게 중요한 사람이구나. 나와 함께하기를 원하는구나'라는 생각을 하게 됩니다. 달갑지 않고 부담스러운 초청도 더러 있습니다. 응해야 할지 말아야 할지 고민하게 하는 초청도 있습니다.

그러나 예수님의 초청은 절대 부담스럽지 않습니다. 예수님의 초청은 절망, 혼돈, 흑암에 있는 사람들에게 희망과 구원을 줍니다. 예수님의 초청은 아주 값지고 의미 있는 것입니다.

예수님이 일어나라고 외치십니다. 앉지 않으시고 일어서서 큰 소리로 우리를 부르며 초청하십니다. 우리를 초청하시는 예수님의 지극한 정성을 엿볼 수 있습니다. "내가 너희를 확실하게 부른다"는 의도도 읽을 수 있습니다. 예수님이 유대 사람들의 명절인 초막절에 축제 마당 한가운데서 일어나 큰 소리로 부르시는 것은 초청의 긴급성을 말해 줍니다. 회개하고 돌아올 때를 놓치지 말라는 뜻입니다.

예수님의 초청에서 네 가지를 발견합니다. 첫째, 예수님은 긴급히 초청하십니다. 초청의 핵심은 "내게로 오라"입니다. 병들었건 가난하건 절망에 빠졌건 상처 입었건 상관없이 모두 오라고 부르십니다.

갑자기 큰 소리로 외치셨기 때문에 사람들은 듣고 놀라면서도 의아하게 여겼을 것입니다. 평소에는 큰 소리를 내는 분이 아니시기 때문입니다. 아마 모든 사람의 시선이 예수님에게 집중되었을 것입니다. 하지만 주님은 조금도 주저함 없이 메시지를 분명하게 전하십니다.

둘째, 예수님은 누구든지 초청하십니다. 예수님은 특별한 사람만 초청하지 않으십니다. 가난한 자나 부자나, 환자나 건강한 자나, 실패한 자나 성공한 자나, 무명인이나 유명인이나, 백인이나 흑인이나 막론하고 누구든지 목마르면 와서 마시라고 부르십니다. 주님의 초청에는 어떤 조건이나 제한도 없습니다. 누구나 초청받을 수 있습니다.

훗날, 오순절에 성령님이 불처럼 임하여 요엘 선지자의 예언이 이루어질 것이며 예수님의 말씀대로 "누구든지 주의 이름을 부르는 사람은 구원을 얻을 것"(행 2:21)입니다. 이 부르심에는 예외가 없고, 소외도 없습니다.

셋째, 예수님은 "내게 와서 마시라"고 초청하십니다. 예수님은 "나는 길이요, 진리요, 생명이니"(요 14:6)라고 선언하십니다. 또한 "나는 부활이요, 생명이니 나를 믿는 사람은 죽어도 살겠고"(요 11:25)라고 선포하십니다. 성경 곳곳에서 "나는 영원히 솟아나는 생수이고 하늘에서 내려온 살아 있는 빵이니, 나를 먹고 마시는 자는 영원히 목마르지 않고 배고프지 않을 것이다"라고 말씀하십니다.

이사야서에도 이와 비슷한 초청의 말씀이 있습니다.

> 너희 모든 목마른 사람들아, 와서 물을 마시라! 돈 없는 사람들아, 너희도 와서 음식을 사 먹으라! 와서 돈을 내지 말고 음식을 사 먹고 값을 지불하지 말고 포도주와 우유를 사 먹으라(사 55:1).

예수님의 초청에 응하는 것은 돈이 들지 않고, 어떤 희생이나 대가를 치를 필요도 없습니다. 말 그대로 '공짜'로 주시는 은혜입니다.

공짜에는 모순되는 두 가지 뜻이 있습니다. '싸다'와 '너무 귀해 값을 매길 수 없다'입니다. 하나님이 우리에게 베푸신 구원은 값으로 매길 수 없는 엄청난 은혜입니다. 그 은혜가 너무 귀해서 대가를 치를 수 없기 때문에 공짜로 주시는 것입니다.

어머니의 사랑은 감히 값을 매길 수 없을 정도로 값집니다. 어머니가 가족을 위해 하는 집안일과 온갖 수고는 돈으로 환산할 수 없이 위대한 일입니다. 마찬가지로, 하나님이 베푸시는 구원은 값을 매길 수 없을 만큼 귀한 은혜입니다. 그런데 예수님을 믿는 사람들에게 이 귀한 은혜를 값없이 주시니 얼마나 감사합니까?

넷째, 예수님은 초청에 응답하는 방법을 알려 주십니다. 예수님은 "누구든지 나를 믿는 사람마다 성경의 말씀대로 생수의 강이 그의 배에서 흘러나올 것"(요 7:38)이라고 말씀하십니다. 예수님을 믿는 것이야말로 초청에 응하는 방법입니다.

믿음은 이성을 초월합니다. 믿음이란 알고 나서 믿는 것이 아니라 믿고 나서 아는 것입니다. 이성으로는 믿음을 자아낼 수 없습니다. 사람이 예수님을 믿고 그분을 주님으로 마음속에 모시는 것이 초청에 대한 응답입니다.

예수님을 믿고 영접하면, 예수님에 관해 깊이 깨달을 수 있습니다. 이성이나 경험으로는 예수님을 이해할 수 없습니다. 예수님은 인간의 이성이나 경험이나 철학으로 붙잡을 수 있는 분이 아니기 때문입니다.

인간은 지극히 제한적이고 무능한 존재입니다. 인간이 하나님을 이해하기란 불가능한 일입니다. 전지전능하신 하나님께 나아가는 유일한 방법은 예수님을 의지하는 믿음뿐입니다.

성경에 기록된 대로 예수님을 믿는 사람들은 그 배에서 생수의 강이 흘러넘칩니다. 이것이 초청의 열매입니다. 성경은 "광야에서 바위를 쪼개 바닷물만큼 많은 물을 주셨으며 바위의 쪼개진 틈에서도 시내를 내 강물처럼 흐르게 하셨다"(시 78:15-16)고 말합니다. 또한 "그날이 오면 생수가 예루살렘에서 흘러나와서 2분의 1은 동쪽 바다로 흘러가고 2분의 1은 서쪽 바다로 흘러갈 것이다. 여름에도 흐르고 겨울에도 흐를 것이다"(슥 14:8)라고 기록합니다.

생수는 예루살렘에서 흘러나옵니다. 에스겔서는 생수가 성전에서 나온다고 말씀하십니다. 하나님이 주시는 생수의 강은 일 년, 열두 달, 사계절 동안 쉼이 없습니다. 생수는 끊이지 않고 계속 흐릅니다. 요한계시록 22장 말씀대로, 강 양쪽에 있는 생명나무가 매달 열두 열매를 맺습니다.

값없이 주시는 생수를 마시고, 생수의 강이 되어라

예수 그리스도를 믿는 사람들에게서 생수의 강이 흘러넘친다는 것은 살아 역사하시는 성령의 능력을 말합니다. 수많은 사람이 교회에 나와 예수님을 믿고 물세례를 받지만, 대부분의 사람이 성령님 안에 있는 생수의 강을 경험하지 못하는 것이 문제입니다.

이것은 예수를 믿는 사람들이 받게 될 성령을 가리켜서 하신 말씀이었습니다. (그때까지 성령을 주시지 않았던 것은 예수께서 아직 영광을 받지 않으셨기 때문입니다)(요 7:39).

많은 사람이 "교회에 가야지요"라고 말은 하면서도 평소와 다를 바 없이 살아갑니다. 오랜 세월 교회에 다니면서 성경을 읽고 설교를 들으며 헌금도 합니다. 그러면서 세상에 나가 가끔 술도 한잔하고 부도덕한 일도 자행합니다. 좀처럼 생활에 변화를 보이지 않습니다. 이런 현상은 예수님을 믿고 교회에 나오지만, 그 배에서 생수의 강이 흘러나오지는 않는 것이라고 할 수 있습니다. 어제나 오늘이나 아무런 변화도 없고 감동도 없는 믿음이라면, 생수의 강이 흐르고 있다고 말할 수 없습니다.

교회에서 마주치는 사람들의 얼굴을 보면, 어떤 얼굴에는 빛이 있고 기쁨이 있습니다. 그런 사람들은 돈이 없어도 불안해하지 않고, 병들어도 위축되지 않으며 실패해도 두려워하지 않습니다. 항상 기쁨으로 충만하고, 자신감이 가득합니다.

그런데 물이 흐르지 않는 강 같은 얼굴도 보입니다. 샘이 말라 버린 우물 같아 보이기도 합니다. 예수님을 믿고, 교회에 나와 설교를 듣고 말씀도 읽지만, 여전히 삶에서 충만한 감동과 열정을 발견하지 못합니다.

신학생 시절에 친구들과 함께 영락 기도원에 간 적이 있습니다. 새벽 1시에 도착했는데 문이 잠겨 있었습니다. 그래서 출입문 앞에 앉아 날이 밝도록 찬양했던 기억이 있습니다. 그때는 돈이 없고 가진 것이 없었는데도 마냥 즐겁고 기쁘기만 했습니다.

배에서 생수의 강이 흘러넘치는 사람은 남들이 볼 때 약간 정신이 나간 것처럼 보일 수도 있습니다. 상황이나 환경과 관계없이 늘 기쁨이 넘치기 때문입니다. 예수님을 믿는 사람들 안에 계신 성령님이 주시는 기쁨입니다.

예수님의 초대장을 모든 사람에게 전하고 싶습니다.

"누구든지 목마르거든 내게로 와서 마시라. 나를 믿는 자는 스가랴서나 시편의 말씀처럼, 이스라엘 백성이 광야에서 샘물을 마셨을 때처럼 인생의 모든 갈증을 해소할 것이다."

우리 인생은 광야와 같고, 이 세상은 메마른 사막과도 같습니다. 인간의 실존이란 광야에서 장막을 치고 사는 것입니다. 고달프고 목마른 인생에서 생수가 터져 흘러넘치는 것은 엄청난 사건입니다.

바닥을 치는 인생에서 벗어나십시오. 생명수가 흐르는 곳에 인생이라는 나무를 심으십시오! 성령 충만함으로 자라게 하십시오. 그러면 우리 인생 나무에서도 생수가 터져 흘러넘칠 것입니다. 우리 안에 성령님이 계시면 얼마든지 가능한 일입니다.

17

예수의 흔적을 가진 사람은
예수님을 사랑합니다

요한복음 7:40-48

다른 사람 말고 나에게 예수님은 어떤 분이신가?

지난 2,000년간 인류 역사에서 예수 그리스도만큼 논쟁과 토론의 대상이 된 사람은 아무도 없습니다.

"예수는 죽었는가 살았는가?"

"예수는 하나님의 아들인가 인간의 아들인가?"

"예수는 초인인가 범인(凡人)인가?"

"예수는 구세주인가 성자인가?"

"예수는 역사인가 신화인가?"

여러 논쟁이 예수님 시대뿐 아니라 지금도 계속되고 있습니다.

왜 인류는 예수님에 관한 논쟁을 지금까지 계속하고 있을까요? 이유는 아주 간단합니다. 흔히 죽은 자에 대해서는 논쟁하지 않고, 진리가 아니면 취급하지 않는 게 일반입니다. 그러나 예수님은 지금도 살아 계시고 영원한 진리이시기에 그분에 관한 논쟁이 여전히 계속되고 있는 것입니다.

예수님이 부활하시기 전까지 벌어졌던 논쟁이 있습니다. 이 논쟁에서 세 부류의 사람을 발견합니다.

첫째, 예수님의 가족입니다. 그들은 예수님의 정체성을 의심하고 믿지 않았습니다. 한집안에서 함께 자랐지만, 예수님을 하나님의 아들로 인정하기 어려웠던 것입니다.

둘째, 예수님 주변에 있던 유대 사람들입니다. 그들은 예수님을 비웃고 조롱합니다. "우리가 너의 집과 부모와 형제까지 모두 알고 있는데, 네가 메시아라니 말도 안 된다"고 말합니다. 그래서 성경은 선지자는 고향에서 환영받지 못한다고 말합니다.

셋째, 예루살렘에 있는 수많은 무리입니다. 그들은 "예수가 귀신 들린 게 아니냐?"고 비아냥거립니다. 더욱이 종교 지도자들과 권력자들은 예수님을 민중의 선동가로 단정하고, 선량한 민중을 혹세무민한다며 몰아붙입니다.

그러나 예수님은 많은 비난에도 보리빵 다섯 개와 물고기 두 마리로 5,000명을 먹이는 기적을 베푸셨고, 새벽에 배를 타고 가다 풍랑을 만나 고생하는 제자들을 보고 물 위를 걸어와 구원해 주셨습니다.

이런 사건이 있을 때마다 한 무리는 열광하며 예수님을 따라다녔고, 다른 무리는 예수님을 부정하고 의심하며 조롱했습니다. 그들은 예수님이 말씀할 때마다 사사건건 시비를 걸곤 했습니다.

예수님은 자신을 하나님이 보내셔서 온 사람으로 소개하십니다.

나는 하늘에서 내려온 살아 있는 빵이다. 누구든지 이 빵을 먹는 사람은 영원히 살 것이다 (요 6:51).

"내가 주는 물을 마시는 사람은 영원히 목마르지 않을 것이다. 내가 주는 물은 그 사람 안에서 계속 솟아올라 영생에 이르게 하는 샘물이 될 것이다"(요 4:14)라고도 가르치십니다. 이 말씀을 어떤 사람들은 믿음으로 받아들이지만, 어떤 사람들은 의심하고 부정하며 조롱합니다.

예수님은 언제 어디서나 사람들에게 관심의 대상이었고, 사람들은 그분을 두고 논쟁을 벌였습니다. 그때마다 예수님은 사람들에게 놀라운 메시지를 주십니다. 그것은 위대한 초청과 약속입니다.

> 누구든지 목마른 사람은 다 내게로 와서 마시라. 누구든지 나를 믿는 사람마다 성경의 말씀대로 생수의 강이 그의 배에서 흘러나올 것이다(요 7:37-38).

예수님은 자신을 비판하고 조롱하는 사람들에게 적대감을 보이지 않으십니다. 그 대신 하나님 말씀을 가르치며 생명의 빵과 생수를 주겠다고 약속하십니다.

예수님은 많은 사람의 비판과 논쟁에도 아랑곳하지 않고 자신의 길을 가십니다. 십자가의 길, 전도자의 길을 걸으십니다. 자신을 체포하러 오는 무리 앞에서도 당황하지 않으시고, 담대하게 영원한 생명과 영원한 행복으로 초대하십니다.

사람은 너무 어렵고 힘든 일을 만나면, 뿌리째 흔들리곤 합니다. 가던 길을 멈추고 안전한 곳으로 돌아가고 싶어집니다. 그런데도 험한 길을 계속 갈 수 있는 것은 하나님의 은혜 덕분입니다. 이것은 하나님을 믿는 사람들한테서 나타나는 특징입니다. 그들은 어떤 어려움이 닥쳐도 하나님이 주신 은혜와 믿음을 포기하지 않습니다. 모든 유혹을 물리치고 오로지 믿음의 길을 걷습니다.

예수님은 사람들의 조롱이나 위협에도 개의치 않으시고, 계속해서 구원 메시지를 전하십니다.

예수의 말씀을 듣자마자 몇몇 사람들이 말했습니다. "이분은 참으로 그 예언자이시다." 어떤 사람들은 "이분은 그리스도다"라고 했습니다. 또 다른 사람들은 "그리스도가 어떻게 갈릴리에서 나온단 말인가? 성경에 그리스도는 다윗의 가문에서 나실 것이며 다윗이 살던 동네 베들레헴에서 나신다고 말하지 않았는가?"라고도 했습니다(요 7:40-42).

예수님은 늘 사람들의 논쟁 대상이었습니다. 그래서 베드로에게 "사람들이 나를 누구라 하느냐?" 하고 물으십니다. 자신감을 잃어버린 사람은 주변의 사소한 말에도 매우 예민하게 반응하는 법입니다. 그러나 예수님은 자기 정체성이 혼란스러워서 물으신 것이 아닙니다. 예수님은 베드로의 고백을 듣고 싶으신 것입니다.

베드로가 다른 사람들의 반응을 전해 드리자 예수님이 다시 물으십니다. "너는 나를 누구라 생각하느냐?" 예수님의 관심은 베드로에게 있습니다. 이처럼 예수님은 각 사람의 개인적인 고백을 듣고 싶어 하십니다.

당시에 예수님을 바라보는 사람들의 시선에는 크게 세 부류가 있었습니다. 첫째, 예수님을 선지자로 보는 사람들입니다. 이것은 굉장한 평가입니다. 구약에서 선지자는 하나님께 말씀을 직접 받아서 백성에게 그대로 전달하는 존재로 존경받는 하나님의 종이기 때문입니다.

둘째, 예수님을 그리스도로 보는 사람들이 있습니다. 그런데 그들은 예수님을 그리스도로 여기면서도 마음속으로는 받아들이지 않습니다. 예수님을 믿고 교회에도 다니지만, 절대로 변하지 않는 사람들이 더러 있습니다. 하나님과 예수님과 성경을 믿기는 하지만, 자기 삶은 예수님과 절대로 연결하지 않으려는 사람입니다.

셋째, 예수님을 부정적으로 보는 사람이 있습니다. 어떤 사람은 "그리스도가 갈릴리에서 나겠느냐? 성경에 그리스도는 다윗의 가문으로 다윗이 살던 동네 베들레헴에서 나오리라고 하지 않았느냐?"라고 말합니다. 그들은 해박한 성경 지식을 갖고 있습니다. 종교에 익숙하고, 메시아 사상으로 무장하고 있습니다.

메시아가 베들레헴에서 나온다는 미가서의 예언도 잘 알고 있습니다. 그래서 "그리스도가 어떻게 갈릴리에서 나오겠느냐? 성경적으로 보나 전통적으로 봐도 그건 틀린 말이다"라고 주장합니다. 종교 지식에 해박하고, 구약에도 정통하지만 정작 메시아는 못 알아보는 것입니다.

그렇다면 예수님을 만난 사람들은 과연 어떤 사람들일까요?

예수님을 생각나게 하는 흔적들을 찾아보라

첫째, 그들은 예수님이 하나님의 아들이고 인류의 구세주이심을 받아들이며 환영합니다. 하지만 그것만으로 예수님을 믿는다고 말할 수 없습니다.

둘째, 그들은 예수님을 지극히 사랑합니다. 믿음의 단계를 넘어 주님 없이는 못 산다고 고백할 정도입니다. 예수님을 믿는다는 것은 그분의 존재와 신성과 인성과 위격을 인정하고 받아들이는 것입니다. 그러나 예수님을 사랑한다는 것은 믿음의 단계를 넘어서 주님과 인격적으로 연합하는 일입니다.

우리는 사랑하는 사람과 매일 연락하고 싶어 합니다. 사랑하는 사람을 위해서 죽음을 불사하기도 합니다. 예수님을 향한 헌신과 희생이 없다면, 예수님을 사랑하지 않는 것입니다.

예수님을 사랑한 사람들 중에 옥합을 깨뜨린 여인이 있습니다. 그녀는 가장 소중하게 간직하던 옥합을 깨뜨려 그 향유를 예수님의 발에 붓고 머리카락으로 씻어 드렸습니다. 예수님에 대한 깊은 사랑의 고백입니다. 사마리아 수가 마을의 여인도 대낮에 물을 길러 우물에 왔다가 예수님을 만나고 물항아리를 내버려 둔 채 동네로 뛰어 들어가 "내가 메시아를 만났다"고 전파했습니다. 이 여인들의 마음에는 예수님을 향한 사랑과 헌신이 있습니다.

예수님은 간음하다가 붙잡혀 온 여인에게 "나도 너를 정죄하지 않겠다. 이제부터 다시는 죄를 짓지 마라"(요 8:11)고 말씀하십니다. 그 여인의 마음속에 예수님의 사랑이 깊이 각인되었을 것입니다.

예수님이 십자가에 못 박히게 되셨을 때, 그 덕분에 사면을 받은 바라바라는 죄수는 단순히 자신을 재수 좋은 사람이라고 여겼을까요? 아마도 그의 마음에 "예수"라는 이름이 깊이 새겨졌을 것입니다.

마음속에 깊이 새겨진 예수님과의 만남은 우리에게 그리스도의 흔적과도 같습니다. 우리는 그리스도의 흔적을 가진 사람들입니다.

내 몸에도 예수님을 생각나게 하는 흔적이 있습니다. 엑스레이를 찍으면, 폐결핵을 앓은 흔적이 나타납니다. 그것을 볼 때마다 나는 작은 떨림을 느낍니다. 폐결핵을 앓을 때, 예수님을 만났기 때문입니다. 그때 하나님이 나를 잃어버린 양들을 찾아 섬기는 일꾼으로 부르셨습니다. 예수님의 흔적을 가진 사람은 예수님을 사랑할 수밖에 없습니다.

우리가 예수님을 위해 희생하지 못하고, 목숨을 버리지 못하는 까닭은 무엇일까요? 받은 것이 없기 때문입니다. 사람은 받은 만큼 나눠 주기 마련입니다. 사랑을 받아 본 적이 없는 사람은 자신을 사랑할 줄 모릅니다. 자신을 사랑하지 못하면서 다른 사람을 사랑한다는 것은 어불성설(語不成說)입니다.

하나님이 베푸시는 조건 없는 사랑, 변함없는 사랑, 의심 없는 사랑을 받아 본 사람은 주님을 위해 희생하지 않을 수 없습니다. 수많은 사람이 말이나 생각이나 교리적으로 "예수님은 그리스도"라고 고백하지만, 예수님을 진짜 만난 사람은 삶 속에 생생한 흔적을 가지고 있습니다.

예수님을 만난 인생에서 나는 향기는 숨길 수 없다

당시 수많은 사람이 예수님을 두고 논쟁을 벌일 때, 예수님을 체포하려고 음모를 꾸미는 사람들이 있었습니다. 종교 지도자들과 권력층의 지시를 받은 사람들은 예수님을 체포하러 갔다가 실패하고 돌아옵니다.

사람들은 예수로 인해 서로 편이 갈리게 됐습니다. 그들 가운데 예수를 잡고자 하는 사람들도 있었으나 아무도 예수께 손을 대지는 못했습니다. 성전 경비병들이 돌아오자 대제사장들과 바리새파 사람들이 그들에게 물었습니다. "왜 그를 잡아오지 않았느냐?" 경비

병들이 대답했습니다. "지금까지 이 사람처럼 말하는 사람은 없었습니다"(요 7:43-46).

대제사장들과 바리새파 사람들의 지시를 받고 예수님을 잡으러 갔던 하수인들이 그냥 빈손으로 돌아옵니다. 그들은 추궁을 당하자 지금까지 예수님처럼 말하는 사람은 없었다고 설명합니다. 예수님의 말씀은 누구한테서도 들을 수 없는 진리이며, 그분에게는 영적 권위와 탁월성이 있다고 증언합니다.

예수님의 탄생에 독특성이 있습니다. 그분은 성령으로 잉태되어 태어나신 분입니다. 그분의 인생에는 아무도 근접할 수 없는 특별함이 있습니다. 예수님의 사랑과 용서, 치유와 회복에는 누구와도 비교할 수 없는 탁월함이 있습니다. 주님은 나병 환자, 앉은뱅이, 눈먼 사람, 혈루병에 걸린 사람 등 수많은 환자를 고치는 독특성이 있으시고, 귀신 들린 사람들을 온전케 하고 죽은 자를 살리는 특별함이 있으십니다.

인류 역사상 예수님 같은 분은 없습니다. 예수님처럼 말하고, 자기 말을 자신의 삶으로 증언한 사람은 한 명도 없습니다.

바리새파 사람들이 경비병들에게 말했습니다. "너희도 미혹된 것이 아니냐? 유대 관원들이나 바리새파 사람들 중에 그를 믿는 사람이 있더냐?"(요 7:47-48).

대제사장들과 바리새파 사람들은 예수님을 체포하기 위해 보낸 하수인들이 그냥 돌아오자 매우 당황합니다. "아니, 예수를 잡으라고 보냈더니 도리어 예수에게 빠진 것이 아닌가! 그렇다면 당국자나 바리새파 사람들 중에도 예수를 믿는 자가 있지 않겠는가?" 하며 곤혹스러워합니다.

예수님을 만난 사람을 보면, 뭔가 다르다는 것을 느낄 수 있습니다. 그들의 눈은 항상 촉촉이 젖어 있고 가슴은 뛰고 있으며 늘 복음을 위해 할 일을 찾아다닙니다. 예수님을 만난 사람들은 항상 준비하고 있다가 부르심에 즉시 달려가는 특성이 있습니다.

세상에서 성공하고 돈을 많이 벌어서 안락하게 살려고 노력하던 사람이 어느 날 예수님을 만나고 인생이 바뀝니다. 죄 문제로 고민하며 자학을 일삼던 사람이 예수님을 만나더니 자유함을 누립니다. 항상 불안하고 긴장하던 사람이 예수님을 만나고 나더니 평안을 얻습니다. 늘 타인과 자신을 비교하며 열등감에 사로잡혀 살던 사람이 예수님을 만난 뒤로 얼굴에 웃음이 가득해지고 발걸음에서 자신감이 묻어납니다. 복권에 당첨된 것도 아닌데 부자가 된 듯 여유롭고, 마냥 즐겁습니다. 왜냐하면, 예수님을 만났기 때문입니다.

예수님을 만난 사람들은 이처럼 변화합니다. 이것이 바로 예수님의 흔적입니다. 이 세상에 예수님 같은 분이 없습니다. 예수님은 하나님의 아들이시요, 우리 주님이십니다!

4부

자유케 하는 진리에서 나오는 능력

요한복음 8:1-59

예수님에 대한 믿음을 꼭 가져야 합니다.
"나를 보내신 그분이 나와 함께하신다.
그분이 나를 홀로 두지 않으시는 것은
내가 항상 그분이 기뻐하시는 일을 하기 때문이다"라는
믿음의 고백이 있어야 합니다.
진정한 인생이란 하나님을 기쁘시게 하는 것,
그분이 기뻐하시는 일을 행하는 것입니다.

18

죄 없는
이가 없습니다

요한복음 8:1-11

율법 뒤에 숨으니 더욱 교활하고 악랄하다

신약성경에는 과거에 불행한 삶을 살았지만, 예수님으로 말미암아 삶이 극적으로 달라진 두 여인이 있습니다. 한 여인은 남편이 다섯이나 되었던 사마리아 수가 마을의 여인이고, 또 한 여인은 간음하다가 현장에서 잡혀 많은 사람 앞으로 끌려 나온 여인입니다. 두 사람은 예수님을 만남으로써 상상할 수 없는 변화를 겪었습니다.

요한복음 8장은 간음하다 잡혀 온 여인에 관한 이야기입니다(요 8:1~11). 당시 이 여인이 겪은 수모와 모멸은 대낮에 물을 길러 우물로 왔던 사마리아 여인과는 비교도 안 될 정도로 고통스러운 것이었습니다. 간음하다가 들켜서 뭇사람들 앞으로 끌려 나와 공개 재판을 받게 되었기 때문입니다.

> 율법학자들과 바리새파 사람들이 간음을 하다가 잡힌 여인을 끌고
> 와서 사람들 앞에 세우고(요 8:3).

이 말씀에서 우리는 세 가지 사실을 발견합니다. 첫째, 여인은 간음하다가 현장에서 율법학자들과 바리새파 사람들에게 잡히는

바람에 변명할 기회도 없이 절체절명의 위기를 맞았습니다.

둘째, 여인은 사람들에 의해 밖으로 끌려 나왔습니다. 영화나 뉴스를 보면, 이슬람 국가에서 이런 일들이 벌어지는 것을 보게 됩니다.

큰 축구장 같은 곳에서 수많은 사람이 지켜보는 가운데 차도르를 쓴 여인이 군인들에게 총살당하는 장면을 찍은 사진을 본 적이 있습니다. 아프가니스탄에 갔을 때, 그 사진이 찍혔던 곳을 찾아가 사람들과 함께 눈물 흘리며 기도했습니다.

셋째, 여인은 자신을 돌로 쳐 죽이려고 하는 사람들에 둘러싸여 있습니다. 얼마나 공포스러웠을까요? 아마 평생 잊지 못할 깊은 상처를 받았을 것입니다. 그 순간에 죽음의 공포와 수치심과 절망감을 한꺼번에 경험했을 것입니다.

본문을 자세히 들여다보면, 간음하다 현장에서 잡힌 여인이 겪은 수치와 상처 뒤에는 교활한 음모가 있음을 알 수 있습니다.

첫째, "간음을 하다가 잡힌 여자"라는 표현이 매우 이상합니다. 세상에 어떤 남녀가 다른 사람들에게 들킬 만한 장소에서 간음하겠습니까? 이것은 분명히 어떤 음모가 있었음을 말해 줍니다. 특히 율법학자들과 바리새파 사람들이 간음 현장을 덮쳐 여인을 잡아끌고 왔다는 것 자체가 "계획적"이라는 느낌을 줍니다.

둘째, 간음하다가 잡혀 왔는데, 상대 남자는 보이지 않고 여자만 끌려왔다는 사실이 이상합니다. 성경은 "어떤 남자가 이웃의 아내와 간음했다면 간음한 남녀 모두는 죽어야 한다"(레 20:10)고 말합니다. 또한 "만약 한 남자가 다른 남자의 아내와 잠자리를 같이 한 것이 밝혀지면 그 남자와 여자는 죽여서 그런 악한 사람들을 이스라엘에서 제거하여라"(신 22:22)라고 명령합니다. 그런데 그들은 간음한 남자는 잡아 오지 않고, 여자만 잡아 온 것입니다. 뭔가 이상하지 않습니까?

> 예수께 말했습니다. "선생님, 이 여자가 간음을 하다가 현장에서 붙잡혔습니다. 모세는 율법에서 이런 여자들은 돌로 쳐 죽여야 한다고 우리에게 명령했습니다. 선생님은 뭐라고 하시겠습니까?"(요 8:4-5).

율법학자들과 바리새파 사람들은 평소에 예수님을 붙잡으려고 여러 번 시도했지만, 매번 실패했습니다. 그러자 이제는 한 여인을 희생양으로 삼아 예수님을 옭아매려는 것입니다.

이 이야기에서 우리는 세 종류의 죄인을 봅니다. 첫째, 간음하다 잡힌 여인입니다. 간음이라는 눈에 보이는 죄뿐 아니라 보이지 않는 내면의 죄도 있을 것입니다. 이 여자가 어쩌다가 간음죄를 짓게 되었는지는 알 수 없습니다. 어쩌면 생계유지를 위해 부득이하게 매춘을 해야만 했을지도 모릅니다. 사회에서 신분이 낮고 가난한 사람이 소외당하는 것은 예나 지금이나 똑같습니다. 이유야 어쨌

든지 간에 여인은 죄를 지었습니다.

그러나 들키지 않았을 뿐이지 우리도 이 여인처럼 남몰래 저지른 죄가 있을 수 있습니다. 그래서 여인과 우리를 동일시할 수 있습니다.

둘째, 여인을 끌고 온 율법학자들과 바리새파 사람들입니다. 그들은 예수님을 책잡아 함정에 빠뜨리려고 이 여인을 이용했습니다. 그들은 자신들의 목적을 이루기 위해서는 수단과 방법을 가리지 않습니다. 법을 이용해 다른 사람을 파멸시키거나 회복 불능으로 만들고, 심지어 죽이기까지 합니다.

그들은 간음한 여인을 심판할 수 있을 정도로 스스로 의롭게 여겼으나 매우 교활하고 악랄한 죄인일 뿐입니다.

셋째, 간음한 여인에게 온갖 비난과 욕설을 퍼부으며 그녀에게 돌을 던지려고 서 있는 사람들입니다. 그들은 아마 자신들이야말로 율법의 가르침을 제대로 따르는 올바른 하나님의 백성이라고 여겼을 것입니다. 눈에 핏발이 설 정도로 분노하며 간음하는 여자가 없어져야 사회가 깨끗해질 것이라고 부르짖습니다. 이 순간만큼은 신성한 율법의 수호자요 정의의 사도입니다. 정의 구현을 위해 손에 돌을 쥔 채로 서 있습니다.

그러나 이들 역시 하나님 앞에서는 죄인에 불과합니다.

남을 정죄해도 자기 죄를 가릴 수는 없다

예수님은 죄인들에 둘러싸여 초라하게 떨고 있는 여인을 보시고, 몸을 구부려 앉으십니다.

그들이 이런 질문을 한 것은 예수를 시험해 고소할 구실을 찾으려는 속셈이었습니다. 그러나 예수께서는 몸을 구부린 채 앉아서 손가락으로 바닥에 무엇인가를 쓰기 시작하셨습니다(요 8:6).

주님은 여인이 어떤 죄를 짓고 이 자리에 끌려왔는지를 아셨고, 율법학자들과 바리새파 사람들의 교활한 음모도 알아채셨으며 정의의 사도처럼 구는 흥분한 무리도 둘러보셨습니다. 그런데 아무말도 하지 않고, 몸을 굽혀 땅에 글씨를 쓰십니다.

침묵하시는 예수님의 모습은 바로 전 상황과 연결됩니다.

예수께서는 올리브 산으로 가셨습니다. 이른 아침에 예수께서 다시 성전으로 가시자 많은 백성들이 예수께 나아왔습니다. 예수께서 앉아서 그들을 가르치실 때(요 8:1-2).

사람들이 초막절 축제에서 먹고 마시며 춤추고 즐길 때, 예수님은 사람들을 향해 "누구든지 목마른 사람은 다 내게로 와서 마시라. 누구든지 나를 믿는 사람마다 성경의 말씀대로 생수의 강이 그의 배에서 흘러나올 것이다"(요 7:37-38)라고 외치며 생명의 초대를 하셨습니다.

당시 사람들은 예수님에 대해 이러쿵저러쿵 논쟁을 벌였습니다. 그러나 예수님은 사람들의 논쟁과 비난에 요동하지 않으시고, 올리브 산으로 가셨습니다.

예수님은 홀로 경건의 시간을 보내고자 할 때면, 올리브 산에 오르곤 하셨습니다. 특히 십자가를 지시기 전에 올리브 산으로 가셔서 땀이 피가 되도록 기도하셨습니다. 예수님이 하나님을 만나신 곳도 올리브 산입니다. 힘들고 어려울 때, 하나님께 무릎 꿇고 기도하며 주의 음성을 들을 수 있는 올리브 산이 우리에게도 필요합니다.

예수님은 올리브 산에서 기도하신 후에 성전으로 들어가 많은 사람에게 하나님 말씀을 가르치십니다. 그때 율법학자들과 바리새파 사람들이 간음한 여인을 끌고 예수님께 나아온 것입니다.

맥락을 보면, 예수님이 올리브 산에서 내려와 성전에 들어가 말씀을 가르치는 모습이 머리를 숙여 땅에 뭔가를 쓰시는 모습과 연관됩니다.

눈앞에서 시끌벅적한 소동이 벌어지고 있는데도 예수님은 허리를 숙여 손가락으로 땅 위에 뭔가 쓰고 계십니다. 간음한 여인을 잡아 온 사람들이 잔뜩 흥분하여 예수님을 다그칩니다.

그들이 계속 질문을 퍼붓자 예수께서 일어나서 그들에게 말씀하셨습니다. "너희 가운데 죄 없는 사람이 먼저 이 여인에게 돌을 던지라." 그러고는 다시 몸을 굽혀 바닥에 무엇인가를 쓰셨습니다(요 8:7-8).

이때 예수님은 바닥에 무엇을 쓰셨을까요? 나는 "너희 가운데 죄 없는 사람이 먼저 이 여인에게 돌을 던지라"고 쓰지 않으셨을까 생각합니다. 예수님이 하고자 하신 말씀이기 때문입니다.

예수님은 그 여인에게 죄가 없다고 말씀하지 않으십니다. 예수님은 우리 죄를 용서하시지만, 그 죄를 간과하지는 않으십니다. 죄를 용서하는 것과 인정하는 것은 다릅니다. 또한 예수님은 모세의 율법이 틀렸다고도 말씀하시지 않습니다. 여인이 죄를 지은 것과 모세의 율법이 옳음을 부인하지 않으십니다.

다만 "너희 가운데 죄 없는 사람이 먼저 이 여인에게 돌을 던지라"라고만 말씀하십니다. 그 말씀에 사람들이 충격을 받은 듯 갑자기 조용해집니다. 그리고 한 사람씩 슬그머니 자리를 떠납니다.

이 말씀을 들은 사람들은 제일 나이 든 사람부터 하나둘씩 슬그머니 사라지기 시작했습니다. 결국 예수와 거기 홀로 서 있던 여인만 남게 됐습니다(요 8:9).

간음한 여인을 끌고 온 율법학자들과 바리새파 사람들마저도 예수님의 말씀에 차마 돌을 던지지 못하고, 그 자리를 피하고 맙니다. 결국, 예수님과 그 여인만 남게 되었습니다.

어떻게 이런 일이 일어났을까요? 첫째, 말씀의 위력이 있기 때문입니다. 성경은 "하나님의 말씀은 살아 있고 힘이 있으며 양날 선 어떤 칼보다도 더 예리해 혼과 영과 관절과 골수까지 찔러 쪼개기까지 하며 마음의 생각과 의도를 분별해 냅니다"(히 4:12)라고 선언합니다. 빛이 오면 어둠은 일순간 물러납니다. 하나님 말씀은 인간의 말과 다릅니다. 하나님 말씀이 예수 그리스도의 입을 통해 말씀하시니 교활한 종교인들마저 양심에 가책을 느끼고, 슬그머니 줄행랑을 치고 만 것입니다.

둘째, 예수님의 영적 권위 때문입니다. 주위에 있던 사람들은 감히 범접할 수 없는 예수님의 영적 권위를 느꼈을 것입니다. 영적 권위를 가진 사람과는 눈도 마주치기가 힘듭니다. 경외감이 느껴지기 때문입니다.

그런데 예수님의 권위 있는 말씀에 여인의 수모가 깨끗이 씻겨나갑니다. 분위기가 한순간에 바뀝니다. 어둠과 죽음의 저주가 물러가고, 안식과 평안의 빛이 가득합니다. 이 모두를 가능하게 한 이가 바로 예수 그리스도이십니다.

과거의 노예가 되지 말고, 가서 신나고 멋진 삶을 살아라

엉킨 실타래를 풀어 보려고 애쓴 적이 있습니까? 엉킨 것을 풀려고 하면 힘듭니다. 차라리 새 실을 꺼내 사용하는 편이 낫습니다. 어릴 때, 엉킨 실을 풀려고 하다가 너무 힘들어서 '이 실을 녹여서 누에에서 실을 뽑듯이 다시 새 실로 뽑았으면 좋겠다'고 생각하기도 했습니다.

우리 인생의 실타래가 그렇습니다. 술술 풀리는 일이 없고, 엉키면 어디서부터 풀어야 할지도 도통 알 수가 없습니다. 그러나 예수님이 우리 안에 계시면, 엉킨 것을 풀어 주실 뿐만 아니라 아예 녹여서 새 실로 뽑아 주시기도 합니다.

이것을 가리켜 바울은 "그러므로 누구든지 그리스도 안에 있으면 새로운 피조물입니다. 옛것은 지나갔으니 보십시오. 새것이 됐습니다"(고후 5:17)라고 말합니다.

> 예수께서 일어나 여인에게 물으셨습니다. "여인아, 그들은 어디 있느냐? 너를 정죄한 사람이 한 사람도 없느냐?"(요 8:10).

여기에 중요한 단어가 보입니다. 바로 '정죄'입니다. 마귀는 자꾸 우리를 고발하고 정죄합니다. "너는 살 가치가 없다. 죄를 짓고서도 어떻게 그리 뻔뻔스럽게 살고 있니? 차라리 죽어 버려라" 하고 계속해 정죄 의식을 심어 줍니다.

죄책감은 인간을 가장 힘들게 하는 것들 가운데 하나입니다. 죄책감에 시달리는 사람은 우울증에 빠지며 밤에 잠도 제대로 못 잡니다. 이것이 정죄입니다. 고소하고 고발하며 정죄하는 것은 마귀의 특기입니다.

여인이 대답했습니다. "선생님, 없습니다." 예수께서 말씀하셨습니다. "나도 너를 정죄하지 않겠다. 이제부터 다시는 죄를 짓지 마라"(요 8:11).

죽음의 공포에 떨고 있던 여인이 예수님의 말씀에 눈을 뜨고 주위를 둘러보니 아무도 없습니다. 예수님은 "나도 너를 정죄하지 않겠다"고 말씀하십니다. 예수님이 용서하신 것입니다. 용서는 오직 하나님만이 해 주실 수 있습니다.

"나도 너를 정죄하지 않겠다"라는 말씀에서 "그러나 이제 그리스도 예수 안에 있는 사람들은 정죄를 받지 않습니다. 이는 그리스도 예수 안에 있는 생명의 성령의 법이 죄와 죽음의 법에서 여러분을 해방했기 때문입니다"(롬 8:1-2)라는 말씀을 떠올릴 수 있습니다.

죽음의 세력은 떠나가고, 우리는 살아났습니다. 치욕스러운 과거로 말미암아 억압받던 육체는 산산조각이 나고 더는 희망도 없지만, 그래도 우리는 "죽음의 저주와 비극이 나를 떠났다. 나는 복의 주인공이다"라고 선언할 수 있습니다. 예수님이 "너희에겐 정죄함이 없고 심판도 없다. 내가 너희를 위해 십자가에 못 박혀 죽었다. 내가 너희를 용서하고 회복시켰다"라고 말씀하시기 때문입니다.

예수님은 여인에게 "가라"고 말씀하십니다. 주님은 우리에게 새롭게 시작할 자유를 주십니다. 더불어 사랑의 충고도 아끼지 않으십니다. "가서 신나고 멋진 삶을 살아라. 그리고 다시는 과거로 돌아가지 마라. 죄짓지 마라."

예수님은 죄를 지을 수밖에 없는 여인의 처지를 이해하십니다. 예수님은 인간의 죄를 미워하시지만, 우리의 연약한 본성을 잘 아십니다. 실수하고 죄지을 수밖에 없는 존재임을 인정해 주십니다. 그리고 여인을 불쌍히 여기시고, 기막힌 처지에 놓인 여인을 정죄하지 않으십니다.

예수님은 잘 드러나지 않지만, 쓰레기같이 더럽고 복잡한 우리 마음속을 아십니다. 우리를 불쌍히 여기며 용서하십니다. 그뿐 아니라 자유와 희망을 주시고, 사랑의 충고를 해 주십니다.

여인은 예수님의 조건 없는 사랑에 충격을 받고, 감동과 환희에 찼을 것입니다. 자유를 느끼며 희망에 가슴에 부풀어 올랐을 것입니다. 하나님께 진정으로 회개하고 예배드리고 싶은 마음으로 가득할 것입니다.

예수님을 만나고 나서 매춘으로 먹고살았던 과거를 청산하고,

자신의 허물을 씻기 위해 수도회에 들어가 여생을 구제와 봉사에 헌신하며 거룩하게 살았다는 사람들의 이야기를 종종 듣습니다. 30년쯤 흐른 뒤에 그를 다시 만난다면, 아마도 이전 모습은 찾아볼 수 없을 것입니다. 빛과 자유함이 가득한 얼굴의 성자로 변모해 있을 것입니다.

불행한 과거에 매이지 마십시오. 과거의 노예가 되지 마십시오. 간음하다 잡힌 여인은 "이제 나의 과거는 없습니다. 나를 죽이려고 했던 사람들은 모두 떠나갔습니다. 나에게는 새로운 삶만 있을 뿐입니다"라고 고백했을 것입니다.

이것이 바로 간음한 여인이 누린 복입니다. 그 복을 우리도 누릴 수 있습니다.

19

내 어둠에
빛을 비추어 주옵소서

요한복음 8:12-20

미래에 희망을 주는 '빛'

우리가 사는 세상을 찬찬히 살펴보면, 하나님이 최초로 창조하신 그 세상은 아닌 것 같습니다. 하나님이 이런 세상을 원하셔서 천지 만물을 창조하시지는 않았을 듯합니다. 우리는 세계 곳곳에서 일어나는 일들을 알고 있습니다. 각종 죄악과 절망, 죽음의 소식들로 가득합니다. 세상은 가난, 기아, 테러, 살인, 마약, 폭력, 전쟁 등으로 얼룩져 있습니다. 누군가 말한 것처럼 정보를 가진 사람이 20퍼센트이고 정보를 갖지 못한 사람이 80퍼센트입니다. 즉 먹고사는 데 지장 없는 사람이 20퍼센트이고, 그렇지 못한 사람이 80퍼센트라는 뜻입니다.

인류는 점점 미래에 대한 희망을 잃어 가는 것 같습니다. 지구의 미래가 희망적이라고 생각하는 사람은 아마 소수일 것입니다. 언제 전쟁이 발발할지, 어디서 테러가 일어날지 몰라 항상 불안해합니다.

하지만 2,000년 전에 절망하는 인간에게 희망을 주려고 이 땅에 오신 분이 있습니다. 바로 예수 그리스도입니다.

예수께서 사람들에게 다시 말씀하셨습니다. "나는 세상의 빛이다.

누구든지 나를 따르는 사람은 어둠 속에 다니지 않고 생명의 빛을 얻을 것이다"(요 8:12).

어둠과 절망과 죽음의 소식들은 이 시대의 전유물이 아닙니다. 2,000년 전 예수님 당시 거대한 로마의 정치와 군사력 치하에 있던 이스라엘 백성에게도 있었습니다. 세상의 흉악함은 시대만 다를 뿐이지 예나 지금이나 별반 차이가 없습니다. 고대인이나 현대인이나 똑같은 죄인입니다. 주어진 환경만 다를 뿐이지 죄악의 현상은 거의 비슷합니다.

이에 대해 예수님은 "나는 세상의 빛이다"라고 하시며 희망의 메시지를 주십니다. "누구든지 목마른 사람은 다 내게로 와서 마시라. 누구든지 나를 믿는 사람마다 성경의 말씀대로 생수의 강이 그의 배에서 흘러나올 것"(요 7:37-38)이라고 선언하십니다. 예수님은 현실의 암울함으로 인해 미래의 희망마저 잃어버린 사람들에게 "나는 세상의 빛이다. 나를 따르는 사람은 어둠 속에 다니지 않고 생명의 빛을 얻을 것이다"라고 말씀하십니다.

미국의 이라크 공격과 북한의 핵 문제가 복잡하고 미묘하게 돌아가는 현실에서 예수님의 말씀은 우리에게 큰 위로를 줍니다. 지금 예수님이 다시 이 땅에 오신다면 이렇게 말씀할 것입니다.

"나는 세상의 빛이다. 너희 가정의 빛이다. 너희 내면세계의 빛이다."

요한복음 8장 12절에서 우리는 세 가지 사실을 발견합니다.

첫째, 세상이 어둠으로 가득하다는 것입니다. 아담과 이브의 타락 이후 세상은 사탄의 지배 아래 들어갔습니다. 인류는 죄의 번영으로 말미암아 이미 바벨탑과 홍수의 심판을 받았습니다. 그리고 머지않아 곧 종말을 맞아 불의 심판을 받게 될 것입니다. 노아 시대 사람들이 "심판은 있을 수 없다. 말도 안 되는 소리다"라며 믿지 않았던 것처럼, 죄를 짓는 현대인들은 미래에 심판이 있을 것이라고는 생각조차 못합니다. 하지만 세상에는 심판이 있고 종말이 있습니다.

사람이라면 누구나 개인적으로 종말이 있습니다. 그것은 죽음입니다. 그와 마찬가지로 우주도 종말이 있습니다. 하지만 사람들은 애써 그것을 부인하고 천국과 지옥을 외면하려 합니다. 인류의 심판과 종말에 대해 말해 주면, 부담을 느끼면서 듣지 않으려고 자꾸 피합니다. 그럼에도 세상의 종말은 분명히 있고 천국과 지옥도 확실히 존재합니다.

죄는 죄에 대해 모른다는 특징이 있습니다. 검은 것에 검은색을 덧칠하면 표시가 나지 않는 것처럼, 어둠은 어둠을 모르고 죄는 죄를 모릅니다. 죄가 얼마나 심각한 문제인지 죄인들은 전혀 모르고 있습니다. 죄인은 일상적으로 죄짓는 것을 당연하게 여깁니다. 죄를 지어야 편안하고 어둠 속에 있어야 안심합니다. 세상은 어둠이 가득하고 진실, 정의, 순결, 의로움이 없는 곳입니다.

둘째, 예수님은 빛이시라는 것입니다. 빛을 가져오는 분도, 빛에 대해 설명하는 분도 아닙니다. 예수님 자체가 빛입니다. 이에 대해 요한복음 1장과 3장에서 반복해 말씀하고 있습니다. 요한복음 전체에서 빈번하게 나타나는 단어가 바로 '빛'입니다.

그분 안에는 생명이 있었습니다. 그 생명은 사람들의 빛이었습니다 (요 1:4).

그 심판은 이것인데, 곧 빛이 세상에 왔지만 사람들은 자기 행위가 악하기 때문에 빛 대신 어둠을 사랑한 것이다(요 3:19).

예수님은 자신의 정체성을 스스로 설명하실 때 상징적인 단어를 많이 사용하십니다. "나는 생명의 빵이다", "나는 세상의 빛이다", "나는 선한 목자다", "나는 생명과 부활이다", "나는 길과 진리와 생명이다", "나는 포도나무다" 등으로 설명하셨습니다. 예수님이 자신을 가리켜 "내가 진리다, 빛이다"라고 말씀하셨을 때 사람들은 매우 당황했습니다. 하지만 성경 말씀을 보면 의문점은 매우 간단하게 해결됩니다. 예수님이 곧 하나님이시기 때문입니다.

셋째, 세상에는 희망이 있다는 것입니다. 이 세상에 사는 인간은 모두 죄인이지만, 하나님 말씀을 따르면 희망이 있습니다. 어떻게 살았든지 상관없이 구원받은 사람은 죽어서 천국으로 가는 복이 있습니다. 빛은 감춰지거나 숨겨지지 않는 속성이 있습니다. 온 인류가 빛을 거부하더라도 빛이 비치는 것을 막을 방법은 없습니다. 마찬가지로, 인간이 아무리 하나님을 부인하더라도 하나님의 존재는 없어지지 않습니다. 다만 거부하고 부인하는 그 마음속에 하나님이 없을 뿐입니다.

사람들이 믿든 말든 상관없이 하나님은 살아 계시고 영원히 존재하십니다. 하나님이 계시고 빛 되신 예수님이 계시는 한 세상에는 희망이 있습니다.

빛이신 예수님을 인간이 환영하지 않는 이유는 간단합니다. 인간은 거짓이고 어둠이기 때문입니다. 죄지은 사람은 의로운 사람을 싫어합니다. 악한 사람은 선한 사람을 미워하고, 불의한 사람은 정의로운 사람을 꺼립니다.

빛이 있으라 하시니 다시 살아나다

빛의 특징 가운데 하나는 어둠이 짙어질수록 그 위력이 더욱 강력해진다는 것입니다. 새벽이 깊다는 것은 아침이 가깝다는 뜻입니다. 빛은 바늘구멍만 한 틈이라도 뚫고 들어옵니다. 빛은 눈을 뜰 때만 있는 게 아니라 눈을 감아도 있습니다. 눈에 보이지 않는 빛이 있고 마음의 빛도 있습니다. 눈을 감고 있어도 빛이신 예수님이 들어오시면, 내면세계는 밝아집니다. 그 어떤 것도 내면의 깊은 곳을 비추지 못하지만, 빛이신 예수님이 능히 비추십니다.

예수님은 "내가 어두운 세상에서 빛이다. 나를 따르는 자는 두 가지 복을 받게 된다. 하나는 어둠에 다니지 않는 것이고, 다른 하나는 죄로부터 자유하는 것이다. 지금 저주스러운 현실에 살고 있지만, 그 저주와 상관이 없게 될 것이다. 나를 따르는 자, 나를 믿는 자, 빛의 세계로 나아오는 자에게는 어둠이 사라질 것이다"라고 말씀하십니다.

세상을 한마디로 정의한다면 어둠이라 할 수 있습니다. 그래서 어느 학자는 '빛의 자녀들'과 '어둠의 자녀들'이란 말로 구분해서 사용하고 있습니다. 세상에는 빛의 자녀들이 있고 어둠의 자녀들이 있습니다. 어둠의 자녀들은 세상 곳곳에서 돈과 권력을 쥐고 있습니다. 예수님이 세상의 빛으로 오셨기 때문에 세상의 모든 어둠이 사라진 것은 아닙니다. 예수님이 빛으로 오셨어도 세상의 어둠은 그대로입니다. 예수 그리스도를 따르는 자에게 어둠이 없어진다는 뜻이지, 세상의 모든 어둠이 없어진다는 뜻은 아닙니다.

어둠은 빛을 거부합니다. 예수님이 세상에 오셨을 때 사람들은 그분을 환영하지 않았을 뿐 아니라, 오히려 십자가에 못 박아 죽이기까지 했습니다. 죄인은 의인을 죽이게 되어 있습니다. 의인을 죽이지 않으면 죄인들은 살아남지 못하기 때문입니다. 의인들이 세상에서 환영받지 못하는 이유는 죄인들이 가만히 있지 않기 때문입니다. 그러나 누구든지 예수님을 믿고 따르면 그분의 빛이 내면

세계를 지배하게 됩니다. 예수님을 가장으로 모시는 가정은 빛으로 가득하게 될 것입니다. 예수님을 사장으로 모시는 직장은 판매, 수익, 노사 관계 등 경영 전반에서 패턴이 달라질 것입니다. 세상 사람들과 다르게 경영 방침과 인간관계를 형성해 갈 것입니다. 주인과 종, 윗사람과 아랫사람의 구분이 없는 아름다운 공동체를 만들어 갈 수 있습니다.

빛 되신 예수님을 마음속에 모시는 사람은 영원한 생명의 복을 누리게 됩니다. 하나님은 천지를 창조하실 때 맨 먼저 "빛이 있으라"(창 1:3)고 말씀했습니다. 빛은 창조의 시작이고 원리입니다. 빛을 창조하신 후에 엿새 동안 모든 만물을 창조하신 것입니다.

빛이 왜 창조의 핵심에 있을까요? 빛은 곧 생명이기 때문입니다. 하나님 말씀을 가리켜 생명의 말씀이라 하는 까닭은 말씀에 하나님의 생명이 그대로 있기 때문입니다. "'빛이 있으라' 하시니"라는 말씀은 빛 속에 하나님의 생명이 있다는 뜻입니다. 생명은 죽음과 반대되는 것입니다. 생명은 살아 있고 성장하며 부활합니다. 우주의 원리는 하나님의 생명입니다. 인간한테는 하나님의 생명은 없고, 동물적인 생명만 있을 뿐입니다. 그러나 하나님은 예수님을 통해 인간에게 생명을 접붙여 줌으로써 영원으로 인도해 주십니다.

인간의 동물적 생명에 하나님의 생명을 접붙여 하나님의 형상을 갖고 존재할 때 천국으로 가게 됩니다. 예수님 안에 하나님의 생명이 있고, 그 생명은 사람들의 빛입니다. 사람들에게 전달된 생명의 빛입니다. 사람 안에 이 빛이 들어가는 것은 모든 어둠을 내쫓음과 동시에 절망과 저주, 죽음 등의 세력이 사라짐을 의미합니다. 따라서 생명의 빛이 비칠 때 죄악, 질병, 상처, 죽음은 깨끗이 치유되는 것입니다.

빛이신 예수님을 믿고 따르면 생명의 빛이 우리 안에 들어와 많은 복을 줍니다. 우리는 어둠에 있지 않게 됩니다. 내면세계에 숨겨져 있는 모든 어둠이 빛을 받게 됩니다. 영혼이 마치 닫혔던 문을 활짝 열고 신선한 공기를 받아들이는 것과 같습니다. 빛을 받은 영혼의 창고는 밝아지고, 내면의 세계에서 깊은 찬송이 우러나오며, 향기가 나고 꽃이 피는 일들이 일어납니다.

빛이 비치면 춤추는 인생으로 변한다

빛 되신 예수님을 영접할 때 우리는 영원한 생명을 얻습니다. 생명이 안으로 들어옴으로써 우울하고 희망이 없던 영혼에 생기가 돌고 기쁨으로 감사하며 즐겁게 춤추는 사람으로 변합니다. 어둠은 사라지고 하나님의 생명으로 충만하게 됩니다.

하나님이 주신 말씀을 모든 사람이 "아멘"으로 받아들인다면 얼마나 좋겠습니까! 그러나 예수님 당시 바리새파 사람들은 하나님 말씀을 받아들이지 않았습니다. 그들은 하나님 말씀을 믿지 않았습니다.

바리새파 사람들이 예수께 말했습니다. "당신이 당신 자신에 대해 증언하니 당신의 증언은 진실하지 못하오"(요 8:13).

바리새파 사람들은 예수님의 말씀에 대해 모든 논리를 동원해 반박하면서 거부합니다. 이에 대해 예수님은 네 가지 대답으로 자신의 증언이 옳다고 증거하십니다.

예수께서 대답하셨습니다. "비록 내가 나를 증언한다 해도 내 증언은 참되다. 나는 내가 어디에서 와서 어디로 가는지 알기 때문이다. 그러나 너희는 내가 어디에서 왔는지도 모르고 또 어디로 가는지도 알지 못한다"(요 8:14).

이 첫 번째 대답은, 예수님께 영적 지식이 있다는 것입니다. "너희는 내가 어디에서 와서 어디로 가는지 모르지만, 나는 알고 있기 때문에 내 증언은 참되다"는 것입니다. 예수님이 곧 하나님이시므로 하실 수 있는 말씀입니다. 그러나 바리새파 사람들은 그 말씀을 알아듣지 못합니다.

너희는 사람의 기준대로 판단하지만 나는 어느 누구도 판단하지 않

는다. 그러나 내가 판단한다 해도 내가 내린 판단은 옳다. 그것은 내가
혼자가 아니라 나를 보내신 아버지와 함께하기 때문이다(요 8:15-16).

두 번째 대답은, 사람들이 육체를 따라 판단하기 때문에 예수님
의 증언이 옳음을 깨닫지 못한다는 것입니다. 예수님의 증언은 하
나님이 함께하시므로 항상 의롭다고 말씀하십니다.

너희 율법에도 '두 사람이 증언하면 참되다'고 기록돼 있다. 내가
나 자신을 위한 증인이요, 나를 보내신 아버지 또한 나를 증언하신
다(요 8:17-18).

세 번째 대답은, 율법에 두 사람의 증언이 있으면 참되다고 했듯
이 예수님에 대해 하나님과 예수님 자신, 두 분이 증언하시니 그
증언은 옳다는 것입니다.

그러자 그들이 예수께 물었습니다. "당신의 아버지는 어디 있소?"
예수께서 대답하셨습니다. "너희는 나도 모르고 내 아버지도 모른
다. 너희가 나를 알았더라면 내 아버지도 알았을 것이다"(요 8:19).

바리새파 사람들은 예수님께 "당신의 아버지가 어디 있소?" 하
고 따집니다. 우리도 가끔 '누가 하나님을 봤을까?' 하고 생각하지

않습니까? 바리새파 사람들의 마음가짐은 보통 사람들의 마음과 다를 바 없습니다. 우리도 기도할 때 하나님 아버지를 보여 달라고 떼쓸 때가 있습니다.

예수님은 네 번째 대답을 통해 하나님과 자신의 관계를 설명해 주십니다. "너희는 나도 모르고 내 아버지도 모른다. 너희가 나를 알았더라면 내 아버지도 알았을 것이다."

인간의 이성으로는 예수님의 증언을 이해할 수 없습니다. 하지만 예수님을 만난 사람들은 명확히 이해하고 아무런 의심 없이 "아멘!"으로 받아들입니다. 성경은 모든 사람을 위한 책이 아닙니다. 예수님을 믿지 않는 사람들은 성경 말씀을 깨닫지 못합니다. 당사자가 아닌 제삼자가 연애편지를 읽으면 아무런 의미가 없는 것과 같습니다. 하지만 예수님을 믿는 사람들은 성경 말씀을 이해하고 생명을 갖게 됩니다.

믿음이 있는 사람들은 바리새파 사람들처럼 생각하지 않습니다. 예수님의 말씀을 어린아이처럼 받아들입니다. 세상이 어둡고 절망적이며 희망이 없는 것처럼 보이지만, 하나님 말씀을 통해 세상에 희망이 있음을 발견합니다. 예수님이 세상의 빛으로 오셨기 때문입니다.

예수 그리스도를 주님으로 받아들이십시오. 그분을 따르기로 결정하십시오. 그러면 두 가지 복을 얻을 수 있습니다. 삶에서 어둠이 사라지고, 생명이 역사할 것입니다.

20

내 죄 가운데
죽지 않게 하옵소서

요한복음 8:18-30

불의한 인간은 의로우신 하나님의 아들을 보지 못한다

진리가 항상 확실하고 분명하게 보이는 것은 아닙니다. 때로 불확실하게 보이기도 하고, 오류로 여겨지기도 합니다. 똑같은 볼펜도 보는 각도에 따라 크기가 달라집니다. 한강에 흐르는 물빛은 하늘에 떠 있는 구름의 종류에 따라 밝게 보이기도, 어둡게 보이기도 합니다. 한 사람을 두고도 보는 위치에 따라 앞모습과 뒷모습, 옆모습 등으로 나눌 수 있습니다.

마찬가지로 예수님에 대한 사람들의 생각도 천태만상입니다. 사람들의 생각에 따라 예수님을 해석하는 것이 다르고 때로 오해를 불러일으키기도 합니다.

바리새파 사람들은 편견에 가득 찬 시선으로 예수님을 바라봤습니다. 모든 인간은 문화적·사상적·종교적으로 편견을 갖고 있습니다. 그 편견에 따라 자신들이 생각하는 것만 옳다고 주장합니다. 바리새파 사람은 종교적으로 편견이 아주 심했던 사람들이었습니다.

예수님이 "나는 세상의 빛이다. 누구든지 나를 따르는 사람은 어둠 속에 다니지 않고 생명의 빛을 얻을 것이다"(요 8:12)라고 말씀하시자, 바리새파 사람들은 그 말씀을 믿음으로 받아들이지 않고 오히려 그분을 비판하고 공격하는 도구로 삼습니다. 그들은 예수님의 증언이 스스로 하는 것이기 때문에 참되지 않다고 공격합니다.

하지만 예수님은 바리새파 사람들의 많은 편견에도 항상 변함없이 당당하게 논리적으로 자신을 증언하십니다. 바리새파 사람들은 예수님께 계속 질문 공세를 퍼붓습니다.

그러자 그들이 예수께 물었습니다. "당신의 아버지는 어디 있소?" 예수께서 대답하셨습니다. "너희는 나도 모르고 내 아버지도 모른다. 너희가 나를 알았더라면 내 아버지도 알았을 것이다"(요 8:19).

첫 번째 질문은 "당신의 아버지는 어디 있소?"입니다.

이에 유대 사람들이 말했습니다. "저 사람이 자살하려나? 그래서 '내가 가는 곳에 너희는 올 수 없다'라고 하는 것인가?"(요 8:22).

두 번째 질문은 "도대체 당신이 가는 곳이 어디요?"입니다.

그들이 물었습니다. "당신은 누구요?" 예수께서 대답하셨습니다. "내가 처음부터 너희에게 말하지 않았느냐?"(요 8:25).

세 번째 질문은 "대체 당신 누구요?"입니다.

이 질문들은 매우 부정적이고 냉소적이지만, 예수님을 좀 더 분명히 알 수 있는 기회를 제공하기도 합니다.

먼저 첫 번째 질문을 살펴봅시다. 이것은 요한복음 8장 18절 말씀에서 비롯된 것입니다. 바리새파 사람들이 예수님의 증언이 참되지 않다고 반박하자 예수님은 "내가 나 자신을 위한 증인이요, 나를 보내신 아버지 또한 나를 증언하신다"라고 대답하셨습니다. 그러자 바리새파 사람들은 더욱 공격적으로 "당신 아버지는 어디 있소?"라고 질문한 것입니다.

우리는 말로 설명할 수 없는 영적인 일을 이야기할 때 "하나님은 다 아신다"라고 말합니다. 모든 사람이 뻔히 알고 있는 사실을 누군가 부인하며 우리에게 증거를 대라고 다그칠 때, 우리는 "하나님은 다 아신다"라고 말합니다. 그러면 상대편은 "다 안다는 하나님이 누구냐? 어디에 있느냐? 한번 보여 달라"고 요구하기도 합니다. 이처럼 바리새파 사람들은 예수님께 "당신 아버지가 누구며 어디에 있느냐?"고 묻습니다.

이 질문에 대한 예수님의 대답은 아주 간단하고 직선적입니다. "나를 알았다면 나의 아버지도 알았을 것이다. 지금 너희가 나를 의심하고 비판하기 때문에 너희의 눈에 나의 아버지가 보이지 않는 것이다."

하나님은 영이시기에 세상 사람 누구도 주님을 보거나 듣거나 만질 수 없습니다. 하나님의 실체는 그분을 믿고 받아들이며 긍정하는 믿음으로만 확인할 수 있습니다. 사람도 누군가를 사랑하고 신뢰하면, 비록 곁에 없어도 그 사람을 느낄 수 있는 것처럼 말입니다.

그러나 이것저것 따지고 의심하면서 공격을 일삼는다면 사랑하는 사람을 볼 수 없습니다. 하나님에 대한 믿음도 없이 냉소적인 태도로 주님께 불순종하는 사람은 더욱이 하나님을 알 수 없습니다.

우리는 하나님에게서 상처를 받을 이유가 없습니다. 따라서 하나님께 부정적으로 접근할 필요도 없습니다. 하지만 인간인지라 삶이 괴롭고 힘들며 이해할 수 없을 때, 공연히 하나님께 불평을 늘어놓기도 합니다. 그러나 구도자의 자세와 어린아이 같은 심성으로 하나님을 알려고 진실하게 노력하면 놀랍게도 주님을 경험할 수 있습니다.

들에 핀 꽃 한 송이나 공중에 나는 새 한 마리를 볼 때도, 하나님의 존재와 창조의 역사를 인정하는 사람의 시각과 진화론을 믿는 사람의 시각은 완전히 다릅니다. 창조를 인정하는 사람들은 계절이 바뀔 때마다 삼라만상의 변화를 보면서 하나님을 느낍니다. 육체의 신비한 시스템을 인간이 스스로 만들 수 있을까요? 인간의 육체에서 하나님의 숨결과 창조의 아이디어를 느끼는 사람이 있는가 하면, 인간의 육체를 하나의 물질이나 과학적 연구 대상으로 보는 사람도 있습니다.

예수님의 말씀은 "하나님을 보여 주겠다"는 것이 아니라 "나를 본 자는 하나님을 보았다"는 뜻입니다.

예수께서 다시 그들에게 말씀하셨습니다. "나는 떠나갈 것이고 너희는 나를 찾다가 너희의 죄 가운데서 죽을 것이다. 내가 가는 곳에 너희는 올 수 없다." 이에 유대 사람들이 말했습니다. "저 사람이 자살하려나? 그래서 '내가 가는 곳에 너희는 올 수 없다'라고 하는 것인가?"(요 8:21-22).

바리새파 사람들은 "너희가 나를 찾으려고 애쓰지만 결국 찾지 못한다"는 말씀을 이해하지 못합니다.

사람들이 예수님을 알 수 없는 이유는 그들의 '죄' 때문입니다. 인간은 죄의 문제를 해결하지 않으면 죄 가운데서 죽게 됩니다. 죄는 거룩을 보지 못합니다. 죄인은 하나님을 보는 눈을 갖지 못합니다. 악은 선을 보지 못하고 불의는 정의를 깨닫지 못합니다. 불의한 인간은 의로우신 하나님의 아들 예수 그리스도를 알아보는 능력이 없습니다. 그래서 죄로 말미암아 예수님을 모른 채 죄 가운데 죽게 됩니다.

바리새파 사람들은 "너희는 내가 가는 길을 쫓아올 수 없다"는 말씀을 더욱 이해하지 못합니다. 예수님이 인류의 죄를 지고 십자가에서 죽으신다는 개념을 그들은 전혀 알 수 없습니다. 하나님을 믿지 않는 사람들에게 예수님의 십자가 사건은 무모한 이야기일 뿐입니다. 십자가 처형에 합당하게 중죄를 지은 사람도 십자가를 피하려는 것이 본능인데, 어떻게 스스로 십자가에서 죽음을 맞이하겠다며 자청할 수 있느냐는 것입니다. 그래서 바리새파 사람들은 "저 사람이 자살하려나?"라고 말합니다.

> 그러자 예수께서 말씀하셨습니다. "너희는 아래서 왔고 나는 위에서 왔다. 너희는 이 세상에 속했지만 나는 이 세상에 속하지 않았다"(요 8:23).

예수님은 십자가의 죽음을 자살로 몰고 가려는 바리새파 사람들에게 설명하십니다. 이 말씀은 두 가지 문제를 포함하고 있습니다. 본질과 소속의 문제입니다. 예수님의 본질은 하나님한테서 난 것이고, 인간의 본질은 땅에서 난 것입니다.

죄인이라서 하나님의 구원이 필요하다

하나님과 인간은 본질적으로 차이가 있습니다. 하나님은 창조주이시고 인간은 그분의 피조물입니다. 인간은 가끔 피조물의 본질을 망각한 채 하나님과 맞서려고 합니다. 하나님에 대해 인간의 기준으로 생각하고 논리를 전개시킵니다.

하지만 하나님의 아들 예수님과 피조물인 바리새파 사람들은 절대로 동등한 신분일 수 없습니다. 예수님은 하나님께 속하신 분이고 인간은 이 세상에 속한 존재이기 때문입니다.

> 그래서 나는 너희가 죄 가운데서 죽을 것이라고 말했다. 만일 너희가 '내가 곧 그'임을 믿지 않으면 너희는 너희의 죄 가운데서 죽을 것이다." 그들이 물었습니다. "당신은 누구요?" 예수께서 대답하셨습니다. "내가 처음부터 너희에게 말하지 않았느냐?"(요 8:24-25).

바리새파 사람들은 예수님께 "도대체 너는 누구냐?"고 물었습니다. 인간은 누구나 원죄를 지닌 죄인입니다. 이 사실을 모른다면 자신의 문제를 풀어 갈 수 없고 하나님에 대해서도 알 수 없습니다. 모든 인간은 본질상 죄인이라는 사실을 깨달을 때, 인간의 실존 문제를 해석하고 이해할 수 있습니다.

인간은 왜 병들고 고독하며, 허무하고 부질없으며, 철이 없고 실수 연발일까요? 인간의 내면세계는 어떤 모습일까요? 인간은 왜 상처를 잘 받고, 거절의 아픔을 느낄까요?

인간 자체는 매우 복잡한 구조를 띠고 있습니다. 인간론에 관한 해답은 오직 하나입니다. 모든 인간이 죄인이라는 사실을 인정하는 순간부터 문제 해결이 시작됩니다.

환자에게 필요한 것은 의사입니다. 건강한 사람에게는 의사가 필요 없습니다. 마찬가지로 죄인에게는 하나님의 구원이 필요합니다. 죄인이 아니라면 하나님의 구원을 필요로 하지 않습니다. 인간이 죄인이라는 사실을 실존적으로 깨닫고 경험해야 하나님의 필요성을 인정할 수 있습니다. 인간은 어쩔 수 없는 죽음의 존재, 한계의 존재, 연약한 존재라는 사실을 인정하지 않는다면 하나님을 볼 수 없습니다. 성경은 "한 번 죽는 것은 사람들에게 정해진 일이며 그 후에는 심판이 있습니다"(히 9:27)라고 말합니다. 죄의 삯은 사망인 것입니다.

참된 은혜란 인간이 부패한 본성을 가진 타락한 존재인 것을 고백할 때, 예수님이 주시는 구원의 선물입니다. 이런 의미에서 참된 은혜는 잃었던 생명을 되찾는 것입니다. 우리가 죄인이 아니었다면 하나님의 은혜도, 예수님의 구원도 없습니다.

24절 말씀에 담긴 숨은 뜻은 사람이 죄인으로서 심판을 받아야 마땅하지만, 예수 그리스도로 말미암아 죄의 권세에서 풀려나 구원받는다는 것입니다. 바리새파 사람들의 눈앞에 계셨던 예수 그리스도가 바로 온 인류의 구세주입니다. 24절의 마지막 부분을 한번 더 강조하고 싶습니다.

"만일 너희가 '내가 곧 그'임을 믿지 않으면 너희는 너희의 죄 가운데서 죽을 것이다."

바리새파 사람들은 예수님께 묻습니다. "도대체 당신은 누구요?" 예수님의 대답은 아주 간단하고 명확합니다. "나는 처음부터 너희에게 말해 온 바로 그 사람이다." 얼마나 통쾌하고 설득력 있는 메시지인지요!

"내가 너희에 대해 말할 것과 판단할 것이 많이 있다. 그러나 나를 보내신 분은 참되시며 나는 그분에게서 들은 대로 세상에 말하는 것이다." 그들은 예수께서 아버지를 가리켜 말씀하시는 것을 깨닫지 못했습니다(요 8:26-27).

예수님의 말씀과 구원, 십자가에서 죽으심에 관한 주장은 한결같습니다. 예수님은 "나도 하고 싶은 이야기가 많지만, 아버지께 들은 이야기만 말하겠다"고 강조하십니다. 이런 태도를 십자가에서 죽음을 맞이할 때까지 견지하셨습니다. 그래서 예수님의 증언은 참되십니다. 예수님은 개인의 생각을 사사로이 말씀하신 것이 아니라 철저히 하나님 아버지의 뜻만 말씀하십니다. 이것이 설교자의 자세입니다.

설교란 하나님의 뜻을 그대로 전달하는 것입니다. 따라서 예수님은 "나를 본 자는 아버지를 본 것이다"라고 말씀한 것입니다.

그래서 예수께서 말씀하셨습니다. "너희는 인자가 높이 들려 올려질 때에야 '내가 곧 그'임을 알게 되고 또 내가 내 뜻대로는 아무것도 하지 않고 오직 아버지께서 내게 가르쳐 주신 대로 말한다는 것을 알게 될 것이다"(요 8:28).

예수님은 두 가지를 제시하십니다. 하나는 "내가 들림을 받은 후에 너희는 내가 누구인지 알 것이다"이고, 또 하나는 "내가 한 번도 나의 말을 하지 않고 아버지의 말을 한 것을 너희는 알 것이다"입니다.

예수님은 겟세마네 동산에서 "내 뜻대로 하지 마시고 아버지의 뜻대로 되게 하십시오"(눅 22:42)라고 기도하셨습니다. 하늘과 땅의 모든 권세를 가지셨지만, 그 특권을 포기하고 죽음을 맞이하는 순간까지 하나님 아버지의 뜻을 그대로 전하신 예수 그리스도이십니다.

하나님을 기쁘시게 하는 인생을 살아보라

아무 의심 말고 예수님을 믿으십시오. 그분의 말씀을 경청하십시오. 인류사에서 악한 사람들, 독한 사람들, 상처받은 사람들, 슬픔에 빠진 사람들이 예수님의 말씀을 듣고 위로와 회복을 얻었습니다. 왜냐하면 예수님이 오로지 하나님의 뜻만을 전하셨기 때문입니다. 이 세상에 존재하는 수많은 사람 중에서 예수님 때문에 상처받은 사람은 아무도 없습니다.

나를 보내신 그분이 나와 함께하신다. 그분이 나를 홀로 두지 않으시는 것은 내가 항상 그분이 기뻐하시는 일을 하기 때문이다(요 8:29).

예수님은 하나님께 항상 신실하십니다. "하나님 아버지는 항상 나와 함께 계시고 결코 나를 홀로 내버려 두시지 않는다"고 가르쳐 주십니다.

가정, 건강, 사업 등에 문제가 생겨 절망에 처할 때 예수님의 말씀에 귀를 기울여야 합니다. 그리고 예수님처럼 "나를 보내신 이는 항상 나와 함께 계신다"는 믿음을 가져야 합니다. 시편은 "내가 죽음의 그림자가 드리운 골짜기를 지날 때라도 악한 것을 두려워하지 않는 이유는 주께서 나와 함께 계시기 때문입니다"(시 23:4), "내게 대항하는 전쟁이 일어나더라도 내가 오히려 담대할 것입니다"(시 27:3)라고 노래합니다.

설사 핵 문제로 제3차 세계 대전이 일어난다고 하더라도 하나님이 함께해 주신다는 사실을 믿어야 합니다. 예수님이 십자가에서 죽음을 맞이하실 수 있었던 것도 이런 믿음 때문입니다.

자신을 비판하는 바리새파 사람들에게 세 가지 질문을 받으시고, 각각의 대답을 통해 주신 예수님의 메시지는 하나님에 대한 신뢰와 믿음입니다. 세상을 사는 일은 그리 간단치 않습니다. 하지만 그 와중에서도 예수님에 대한 믿음을 꼭 가져야 합니다. "나를 보내신 그분이 나와 함께하신다. 그분이 나를 홀로 두지 않으시는 것은 내가 항상 그분이 기뻐하시는 일을 하기 때문이다"라는 믿음의 고백이 있어야 합니다.

하나님을 기쁘시게 하는 인생, 하나님이 기뻐하시는 일을 하는 인생이야말로 진정한 인생입니다.

21

참으로
자유롭게 해 주십시오

요한복음 8:31-38

내 안에는 진리와 자유가 없다는 깨달음

예수님을 믿지 않는 사람들도 성경을 읽다가 감동 받는 말씀들이 있습니다. "모든 일에 네가 대접받고 싶은 대로 남을 대접하여라"(마 7:12)라는 말씀이 대표적인 예입니다. 이 말씀은 모든 인간관계의 황금률입니다.

"너희는 진리를 알게 될 것이며 진리가 너희를 자유롭게 할 것이다"(요 8:32)라는 말씀도 그렇습니다. 사람이라면 누구나 영원한 진리, 생명의 진리, 기쁨과 축복의 진리를 찾고자 합니다. 그뿐 아니라 사람들은 억압이나 죽음이나 절망이나 죄에서 자유롭게 되고 싶은 소망이 있습니다. 하지만 세상에서 참진리와 진정한 자유를 누릴 수 없기에 그것을 찾아 방황하고 있습니다.

어떻게 하면 궁극적으로 참진리와 진정한 자유를 얻을 수 있을까요?

예수께서 자기를 믿게 된 유대 사람들에게 말씀하셨습니다. "만일 너희가 내 말대로 산다면 너희는 참으로 내 제자들이다. 그리고 너희는 진리를 알게 될 것이며 진리가 너희를 자유롭게 할 것이다"(요 8:31-32).

예수님의 말씀에 따르면, 사람이 진리와 자유를 얻으려면, 두 가지 선행 조건이 충족되어야 합니다.

첫째는 믿음입니다. 우리는 예수님이 자신을 믿고 따르는 유대 사람들에게 "너희가 내 말대로 산다면 너희는 참으로 내 제자들이다. 그리고 너희는 진리를 알게 될 것이며 진리가 너희를 자유롭게 할 것이다"라고 말씀한 사실에 주목해야 합니다. 예수님은 "나는 길이요, 진리요, 생명이니"(요 14:6)라고 말씀하십니다. 우리는 길이시고 진리이시며 생명이신 예수님을 나의 것으로 만들어야 합니다.

방법은 아주 간단합니다. 우리가 믿지 않는 사람들에게 예수 그리스도를 전하듯이, 예수님을 믿고 주님으로 받아들이며 그리스도를 따르는 사람으로 자신을 변화시키는 것입니다. 예수님은 이 말씀을 자신을 잡아 죽이려 하던 유대 사람들에게 하지 않으시고, 자신을 믿고 따르는 유대 사람들에게 하셨습니다.

세상에는 그릇된 진리가 너무 많습니다. 가짜 스승, 가짜 제자, 가짜 일꾼 등이 난무합니다. 그들은 진짜처럼 위장했지만, 본인들은 자신이 가짜임을 너무나 잘 알고 있습니다. 많은 사람이 그들을 진짜로 알고 있다가 가짜라는 사실을 알고는 크게 실망합니다.

세상에는 진정한 자유가 없습니다. 희망이라 부르는 절망, 행복으로 위장한 불행, 감격으로 가장한 쾌락, 인권과 프라이버시를 앞세운 도덕적 타락 등을 세상은 '자유'라고 말합니다. 하지만 우리가 그런 자유를 얻었다고 말하는 순간, 또 하나의 억압을 경험하게 됩니다. 그것은 인간을 불행하게 하고 억압하며 결국 생명을 파괴하고 맙니다.

인간은 참진리와 진정한 자유를 원하지만, 그것은 인간의 영역이 아닙니다. 인간의 내면세계에는 참진리와 진정한 자유가 있을 수 없습니다. 인간은 참빛을 찾고 있지만, 결코 참빛이 될 수 없는 존재입니다. 어둠의 존재이기 때문에 빛을 찾지 못하고 빛으로 될 수도 없습니다.

빛은 인간의 외부에서 비쳐야 합니다. 자유도 인간의 외부에서 들어와야 합니다. 참진리와 진정한 자유는 인간이 노력한다고 해서 얻어지는 게 아닙니다.

예수님이 자신을 믿고 따르는 사람들에게 "진리를 알게 될 것이며 진리가 너희를 자유롭게 할 것이다"라고 말씀한 것은 매우 중요한 의미를 띠고 있습니다. 믿음은 하나님의 복을 받는 통로이고, 예수 그리스도의 구원을 받아들일 수 있는 유일한 방법입니다. 사람이 참진리 속에서 진정한 자유를 누리기 원한다면, 우선 예수님을 믿고 그분께 접근해야 합니다. 그럴 때 예수 그리스도께서 찾아와 만나 주십니다.

참제자가 되면 참진리를 깨닫고,
참진리를 깨달으면 참자유를 얻는다

사람들이 참진리와 진정한 자유를 누리는 방법에 대해 의아해하자 예수님은 또 다른 힌트를 주십니다. "너희가 내 말대로 산다면……." 진정으로 진리와 자유를 원한다면, 단순히 예수님을 마음속으로 믿고 받아들이며 죄 사함을 받는 것으로 끝나서는 안 됩니다. 예수님의 말씀들을 믿고 그 말씀 안에서 살아야만 가능합니다.

누군가를 믿는다고 고백하는 것은 그 믿음의 대상이 하신 말씀과 인격, 삶까지 받아들인다는 뜻입니다. 마찬가지로 예수님을 믿고 주님이 하신 말씀 안에 살아야 참진리와 진정한 자유를 맛볼 수 있습니다.

사람이 예수 그리스도를 믿는다는 것은 가능하지만, 예수님을 믿는 그 즉시로 진리 안에 살게 되고 자유케 되는 것은 아닙니다. 예수님의 말씀 안에 사는 일은 평생이 걸릴 수도 있습니다. 하지만 분명한 것은 예수님의 말씀 안에 사는 만큼 진리를 경험하고, 진리를 경험하는 만큼 자유를 얻는다는 사실입니다.

이는 사람이 음식을 먹는 것과 같은 이치입니다. 음식을 구경만 하지 말고 맛있게 먹어야 그 음식이 몸 안에 들어가 소화됩니다. 소화된 음식은 사람의 몸에 필요한 피가 되고 살이 되며, 찌꺼기는 배설물이 되어 밖으로 나옵니다. 몸 밖에 있던 음식물이 몸 안으로 들어가 피가 되고 살이 되었을 때, 그 음식물은 각 개인과 하나가 되는 것입니다. 이처럼 신앙은 머리로 이해하는 것이 아니라, 예수 그리스도의 피와 살을 먹는 것입니다.

성경에는 '거하다'는 표현이 백 번 이상 나옵니다. 그 대표적인 말씀이 요한복음 15장 7절입니다.

> 만일 너희가 내 안에 있고 내 말이 너희 안에 있으면 너희가 원하는 것이 무엇이든지 구하라. 그러면 그대로 이루어질 것이다(요 15:7).

예수님은 항상 우리에게 "나는 네 안에 있고 너는 내 안에 있으면 좋겠다"고 말씀하십니다. '거하다'라는 말이나 '예수님을 믿는다'는 말은 예수님과의 신비한 결합을 뜻합니다. 쉽게 말해서 예수님과 인간이 동거하는 것을 말합니다. 남자와 여자가 결혼해 동거하면, 혼자 살 때와 비교할 수 없을 만큼 많은 변화를 경험합니다. 밥도 같이 먹고 잠도 같이 자며 방도 같이 써야 합니다. 두 사람은 동거하며 밤낮으로 동행하는 것입니다.

하나님과 동행하지 않았을 때는 잠깐 교회에 가서 예배만 겨우 드리고 와도 아무런 문제가 없었습니다. 잠시 성경 공부 모임에 들르면 그만이었습니다. 하지만 예수님이 우리의 삶 안으로 온전히 들어오셔서 동거하게 되면 그것으로 만족할 수 없습니다. 예수님의 말씀이 내 안에 있으면, 그 말씀이 내 생각과 말이 되고, 내 행동이 됩니다. 남녀가 부부로 함께 살게 되면, 어느 한 쪽이 자신만의 생각대로 살 수 없습니다. 옷을 하나 사든지 어디에 가든지 무엇을 하든지 간에 상대의 의견을 묻게 됩니다. 그것이 동거하며 동행하는 것입니다. 하나님과 사람의 관계도 마찬가지입니다.

성경은 우리가 주님의 말씀 안에 있으면 참제자가 된다고 말합니다. 예수님의 말씀 안에서 한 시간 생활하는 사람, 두 시간 생활하는 사람, 일주일에 한 번 생활하는 사람 등 여러 부류가 있습니다. 어쩌면 대부분의 사람이 일주일에 한 번 교회에 와서 잠깐 예수님과 생활하고 나머지 시간은 개인적으로 생활할는지도 모릅니다. 어떤 사람은 새벽 기도회에 나오고 큐티하며 온종일 예수님과 같이 살다가 늦은 밤에 기도한 후 잠자리에 들기도 합니다.

우리가 예수님을 믿고 말씀대로 살면, 그분께서 '참제자'로 인정해 주십니다. 참제자는 예수님을 믿을 뿐 아니라, 그분의 말씀 안에 있는 사람입니다. 예수님을 믿고 그분의 말씀대로 살지 않는 사람은 참제자가 아닙니다. 일주일에 한 번만 교회에 나오는 사람을 참제자라고 하기는 어렵습니다.

요한복음은 참제자가 되는 조건을 세 번이나 강조하고 있습니다. 이 장의 말씀과 "너희가 서로 사랑하면 이로써 모든 사람들이 너희가 내 제자임을 알게 될 것이다"(요 13:35), "너희가 열매를 많이 맺으면 내 제자가 되고 이것으로 아버지께서 영광을 받으실 것이다"(요 15:8)라는 말씀입니다.

참제자에게는 세 가지 특징이 있습니다. 첫째, 주님의 말씀대로 삽니다. 둘째, 서로 사랑합니다. 셋째, 삶 속에 열매가 있습니다. 예수님의 참제자가 되는 길은 예수님을 믿고 그분의 말씀대로 사는 것입니다. 그러면 예수님의 참진리를 깨달을 수 있습니다.

참진리를 깨닫는 순간부터 진정한 자유를 누릴 수 있습니다. 이 말씀을 통해 우리가 알 수 있는 것은, 인간 삶의 궁극적인 목표는 곧 자유라는 사실입니다. 구원이란 죄에서의 자유를 말합니다. 인간에게 최후의 축복, 선물은 바로 자유입니다.

죄의 종으로 살아가는 한 자유인이 아니다

자유에는 외면적 자유와 내면적 자유가 있습니다. 우리는 출판과 표현의 자유, 종교의 자유, 가난으로부터의 자유, 공포로부터의 자유 등 외면적 자유에 대해 알고 있습니다. 자유가 없다고 말하는 것은 보통 외면적 자유의 부재를 뜻합니다. 인간은 이 외면적 자유에 관한 헌장을 제정해 선포하고 자유의 여신상도 세우며 알게 모르게 자유를 희구하고 있습니다. 하지만 그것은 외면적 자유에 불과합니다. 우리에게 진정으로 필요한 것은 내면적 자유입니다. 죄악에서의 자유, 저주에서의 자유, 죽음에서의 자유를 뜻합니다. 또한 세상의 물질과 권력에서의 자유도 의미합니다.

예수님은 외면적 자유에 대해 말씀하지 않으십니다. 말씀을 자세히 살펴보면, 영적이고 내면적이며 인간 본질에 대한 자유를 강조하신 것을 알 수 있습니다. 그러나 당시 예수님의 말씀을 들은 사람들은 예수님의 진정한 의도를 알지 못했습니다.

그들이 예수께 대답했습니다. "우리는 아브라함의 자손이고 어느 누구의 종이 된 적도 없는데 당신은 어째서 우리가 자유롭게 된다고 말합니까?"(요 8:33).

지금 자유로운 상태인데 무슨 자유를 논하느냐는 것입니다. 믿지 않는 많은 사람이 자신은 죄지은 적이 없는데 왜 자꾸 죄인이라고 하느냐며 화를 냅니다. 그러나 예수님의 말씀은 인간 내면의 죄에 관한 것입니다. 우리는 실제로 간음하지 않고 도적질도 하지 않았습니다. 법을 어기지도 않았습니다. 그렇다고 해서 죄를 짓지 않았다고 자신 있게 말하지는 못합니다. 인간의 내면을 보면 죄를 짓고 있는 쓰레기 같은 자아를 발견할 수 있습니다.

자유에 대해서도 마찬가지입니다. 우리는 누구에게도 매이지 않은 자유인이지만, 내면으로 깊이 들어가 보면 억압된 종처럼 살고 있습니다. 인간은 죄의 종입니다. 따라서 인간은 죄를 지으며 살고 있는 것입니다. 죄로 인해 죽음이 오고, 그 죽음의 공포로 인해 불안해하는 것이 인간입니다.

인간이 허무를 느끼는 것은 인생이 억압되어 있기 때문입니다.

인간 내면에 육신의 본능이 뱀처럼, 안개처럼 자리하고 있는 이유는 어둠의 세력에 억압당하고 있기 때문입니다. 인간은 결코 자유인이 아닙니다.

하지만 유대 사람들은 이런 사실을 부정하고 항의합니다.

예수께서 대답하셨습니다. "내가 진실로 진실로 너희에게 말한다. 죄를 짓는 사람마다 죄의 종이다"(요 8:34).

죄를 짓는 자마다 죄의 종이라고 말씀하십니다. 우리는 죄의 종입니까, 자유인입니까? 자유가 충분히 보장된 지역이 오히려 자살률이 높다고 합니다. 또한 인권 신장이 발달한 곳이 훨씬 더 타락했다고 합니다. 사회주의 국가일수록 성적 타락 현상은 덜 심각한 편입니다. 인간은 자유를 주면 방종과 타락의 도구로 사용하는 경향이 있습니다. 인간이 원래 죄의 종이기 때문입니다.

종은 집에 영원히 머물러 있을 수 없지만 아들은 영원히 머물러 있다(요 8:35).

종의 특징은 절대로 아들이 될 수 없다는 것입니다. 아들은 영원히 아버지의 집에 살지만, 종은 아버지의 집에서 일하며 영원히 살지 못합니다. 우리는 죄의 종입니다. 우리의 내면세계에 들어가 보면 억압된 욕망 덩어리를 갖고 본능대로 살고 있음을 알 수 있습니다. 우리 마음속은 미움, 시기, 질투, 분노 등으로 가득합니다. 스스로 지옥을 만들어 사는 것이 인간의 내면입니다. 모든 사람이 겉으로는 선남선녀로 보이지만, 그 내면은 불안과 초조, 고독, 공포, 죄책감 등에 시달리고 있습니다. 진정한 자유는 내면에 따른 것이고 영혼에 따른 것입니다.

하나님 아버지의 집에 영원히 거하려면 종의 신분이면 안 됩니다. 지금 죄를 지어 종의 신분이라면 즉시 회개하여 아들의 신분으로 전환해야 합니다. 아들이 갖는 특권은 아버지의 집에 영원히 살며 유산을 상속받는 것입니다. 종은 아무리 오랫동안 아버지의 집에서 봉사했더라도 그 유산을 상속받을 수 없습니다. 오직 아들만 유산을 상속받을 수 있습니다.

그러므로 아들이 너희를 자유롭게 하면 너희는 참으로 자유롭게 될 것이다(요 8:36).

예수님이 자유롭게 하시면 우리는 참자유인이 됩니다.

나는 너희가 아브라함의 자손인 것을 안다. 그런데 너희가 나를 죽이려고 하는구나. 내 말이 너희 안에 있을 자리가 없기 때문이다. 나는 아버지에게서 본 것을 말하고 너희는 너희의 아버지에게서 들은 것을 행하고 있다(요 8:37-38).

사람은 예수님을 믿어야 하고 그분의 말씀대로 살아야 합니다. 그러면 예수님의 제자가 될 수 있습니다. 예수님의 참제자가 되면 진리를 깨달을 수 있습니다. 말씀대로 사는 만큼 진리에 대해 알게 됩니다. 진리를 아는 만큼 내면에서 자유를 누릴 수 있습니다.

종의 신분을 벗고, 영광스러운 아들의 신분으로 속히 거듭나십시오. 그럴 때 하나님이 처음 창조하신 형상대로 자유인의 기쁨을 누리게 될 것입니다. 하나님이 우리의 진정한 자유를 보장하실 것입니다.

○

22

하나님께 속한
삶을 살고 싶습니다

요한복음 8:39-47

○

모순덩어리라 깨닫지 못한다

어떤 일을 하거나 말을 할 때 앞뒤가 맞지 않고 논리의 비약이 심한 경우를 종종 보게 됩니다. 그것을 이율배반이나 모순, 자가당착이라고 합니다. 예수님 당시 유대의 종교 지도자들한테서도 그런 모습을 찾아볼 수 있습니다.

그들은 스스로 '아브라함의 자손'이라는 긍지를 갖고 있었고, 그것은 사실입니다. 그들은 자신들을 '종이 된 적도 없는 자유인'으로 생각했으며 그것도 사실입니다. 그들은 창조주 하나님을 알고, "하나님이 우리 아버지이시다"라고 믿고 있었는데 그것도 사실입니다.

그들은 하나님, 율법, 아브라함의 자손이라는 영적 자부심을 갖고 있었습니다. 하지만 그들의 언행과 생각을 보면 전혀 그렇지 않았습니다. 그들은 하나님의 아들 예수 그리스도를 거부하고 배척하며 심지어 그분을 죽이려고 계획했습니다. 그래서 예수님과 유대 사람들 사이에 생각지도 못한 갈등이 발생했습니다.

예수님은 유대 사람들의 이율배반적인 모습을 예리하게 지적하셨습니다. 예수님의 지적은 "너희가 아브라함의 자손이라는 말은 맞다. 그렇다면 아브라함의 자손들답게 살고 있느냐?"는 것입니다. "너희가 하나님을 믿는다는 말은 맞다. 그렇다면 너희 안에 하나님이 계시느냐? 하나님을 믿는 사람답게 살고 있느냐?"는 것입니다.

> 그들이 대답했습니다. "우리 조상은 아브라함입니다." 예수께서 말씀하셨습니다. "너희가 만약 아브라함의 자손이라면 아브라함이 한 일을 너희도 했을 것이다. 그러나 지금 너희는, 너희에게 하나님께 진리를 듣고 말해 준 사람인 나를 죽이려고 한다. 아브라함은 이런 일을 하지 않았다"(요 8:39-40).

예수님이 지적하신 문제는 당시 유대 종교 지도자들에게만 있었던 것이 아닙니다. 오늘날 우리에게도 있는 문제입니다. 우리는 교회에 다니며 예배에 참석해 설교를 듣습니다. 세례도 받고 스스로 기독교인이라고 말합니다. 그러나 우리의 언행과 생각을 보면 그 안에 하나님이 전혀 없는 것처럼 보입니다. 결정적인 순간에 하나님은 없고 세상 사람들처럼 말하고 행동합니다. 흥분하면 거칠 것 없이 그대로 감정을 표현합니다. 오늘날 예수님은 우리의 이런 점을 지적하십니다.

사람은 누구에게, 어디에 속해 있느냐에 따라 그 말과 행동이 달라집니다. 하나님께 속한 사람은 그분의 뜻과 말씀에 합당하게 행하고, 하나님이 기뻐하시는 행동을 합니다. 하지만 사탄에게 속한 사람은 사탄의 방법으로 사탄이 좋아하는 일을 합니다.

예수님은 아브라함의 자손이라고 주장하는 유대 사람들에게 직설적으로 말씀하십니다.

> "너희는 너희의 아버지가 했던 일을 하고 있다." 그들이 예수께 말했습니다. "우리는 음란한 데서 나지 않았습니다. 우리 아버지는 오직 한 분 하나님이십니다"(요 8:41).

예수님은 "너희는 하나님을 믿는다면서 나의 말을 거절하고 있다. 너희 속에 분노가 있고 미움이 있으며 살인이 있다. 하나님의 이름을 이용하면서 실제로 마음속에 마귀의 생각과 방법을 따르고 있다"고 지적하십니다.

예수님의 정확한 지적에 유대 사람들은 자존심이 상하고 마음에 큰 부담을 얻습니다. 하지만 그들은 그 자체를 부인합니다. "우리는 음란한 데서 나지 않았고 우리 아버지는 한 분뿐인 하나님이시다. 그런데 어떻게 우리에게 그런 말을 할 수 있느냐?"며 반박합니다.

> 예수께서 그들에게 말씀하셨습니다. "만약 하나님이 너희 아버지라면 너희가 나를 사랑할 것이다. 내가 하나님에게서 와서 지금 여기에 있기 때문이다. 나는 내 뜻으로 온 것이 아니라 하나님께서 나

를 보내신 것이다"(요 8:42).

유대 사람들은 예수님의 말씀을 이해하지 못합니다. 예수님이 "나는 길이요, 진리요, 생명이다"라고 말씀하실 때, 사람들은 예수님을 받아들이지 않았습니다. 종교 지도자들은 예수님을 핍박하고 죽이기 위해 체포하려고 했습니다. 이유는 예수님이 자신들의 마음에 들지 않았기 때문입니다. 예수님이 법을 어기고 부도덕한 짓을 하셨기 때문이 아닙니다. 다만 자신들이 전통적으로 믿고 있는 것과 전혀 다른 말씀을 하시기 때문에 예수 그리스도를 받아들일 수 없었던 것입니다.

예수님은 이런 그들의 마음을 아시고 말씀하십니다.

어째서 너희는 내가 말하는 것을 깨닫지 못하느냐? 그것은 너희가 내 말을 들을 수 없기 때문이다(요 8:43).

유대 사람들이 말씀을 알아듣지 못하기 때문에 예수님은 매우 힘들어하십니다. 아니, 그들은 알고 있었지만 말씀을 받아들일 수 없었기 때문에 거부한 것입니다.

인간의 욕망은 마귀한테서 온다

공중에는 수많은 전파가 지나고 있습니다. 그 전파를 잡아서 소리를 듣거나 영상을 보려면 수신기가 필요합니다. 브라운관이 있고 그럴듯한 장치가 있더라도 전파를 수신할 수 있는 시스템을 갖추고 있지 못하면 아무 소용이 없습니다. 마찬가지로 하나님이 말씀하셔도 우리 안에 진리가 없으면 그 말씀이 들리지 않고 눈에 보이지 않으며 손에 잡히지도 않습니다. 오로지 헛소리에 불과할 뿐입니다. 예수님은 몹시 답답해하십니다.

당시 유대 사람들의 영적 무지나 무감각, 백치 같은 모습은 현대인들한테서도 그대로 나타나고 있습니다. 하나님이 살아 계시고 그분 말씀이 계속 선포되고 있지만, 현대인들의 마음은 강퍅해져 들을 수 없고 깨달을 수도 없습니다. 사탄이 많은 사람의 마음을 점령하고 있기 때문에 하나님 말씀이 들어갈 여유가 없고, 영적 감성은 고장 난 상태입니다.

사람의 마음에 진리가 있어야 하나님 말씀이 들어올 때 반응합니다. 마음속에 진리가 없으면 아무리 주님이 말씀하셔도 반응하지 않습니다. "내 말을 들을 수 없다"라는 것은 "너희 마음이 세상적인 것으로, 마귀의 생각으로 가득하다"는 뜻입니다. 마음속에 하나님 말씀이 없다는 의미입니다.

우리 속에 하나님 말씀이 없으면 인간적인 생각과 판단, 경험, 가치관 등으로 가득하게 됩니다. 세상적인 것에 지배당하게 됩니다. 부모가 자식을 사랑함에도 자식이 부모의 사랑을 깨닫지 못하는 것과 같습니다. 유산을 미리 받아서 먼 길을 떠나는 탕자와 같습니다. 아버지가 아들을 덜 사랑한 것이 아닙니다. 다만 탕자에게 아버지의 사랑을 깨달을 수 있는 영적 감각이 없었던 것입니다. 아버지의 사랑을 깨닫지 못하는 사람이 바로 탕자입니다.

오늘날에는 부모의 사랑을 알지 못하는 자식, 남편의 사랑을 알지 못하는 아내, 아내의 사랑을 깨닫지 못하는 남편이 참으로 많습니다. 땅을 치고 하늘을 쳐다봐도 깨닫지 못하는 영적 아둔함이 앞을 가립니다. 예수님과 유대 사람들 사이에도 그런 벽이 있습니다.

우리가 하나님 말씀을 들으면 우리 안에 있는 생명이 반응을 보입니다. 그때 말씀이 우리 안에 들어옵니다. 유대 사람들은 왜 예수님의 말씀을 알아듣지 못할까요? 그들에게는 진리의 말씀이 없기 때문입니다.

예수님은 말씀을 알아듣지 못하는 유대 종교 지도자들에게 영적으로 매우 중요한 한 가지를 지적하십니다.

너희는 너희 아버지인 마귀에게 속해 있고 너희는 너희 아버지가 원하는 것을 하고자 한다. 그는 처음부터 살인자였다. 또 그 안에 진리가 없기 때문에 진리 안에 서지 못한다. 그는 거짓말을 할 때마다 자기 본성을 드러낸다. 이는 그가 거짓말쟁이며 거짓의 아버지이기 때문이다(요 8:44).

예수님은 유대 사람들에게 영향력을 끼치고 있는 것은 하나님이 아니라 마귀라고 분명히 지적해 주십니다. 그들이 입으로는 하나님을 믿는다고 고백하고 성전에 와서 제사도 드리지만, 사실 그 마음속에서 영향력을 행사하는 것은 하나님이 아니라 마귀라는 것입니다. 유대 사람들은 마귀에게 속해 있고, 그들의 아비는 마귀라는 것입니다.

인간의 욕망은 마귀한테서 옵니다. 마귀의 본능이 그를 따르는 자들에게 그대로 전해집니다. 인간의 탐욕, 죄의 유혹, 권력에 대한 갈망, 음란하고 더러운 생각 등은 절대 하나님에게서 올 수 없습니다. 오로지 마귀에게서 옵니다.

예수님은 마귀의 존재에 대해 두 가지로 설명하십니다. 첫째, 마귀는 처음부터 살인한 자입니다. 마귀는 가인에게 아벨을 죽이도록 했습니다. 인간의 혈통에는 살인자 가인의 피가 흐르고 있습니다. 복수와 배신의 피가 흐르고 있습니다. 그래서 인간은 끊임없이 분노하고 미워하며 보복하고 배신합니다. 사람마다 약간의 차이를 보일 뿐 근본은 같습니다.

십계명에서 "간음하지 말라"는 말씀보다 우선하는 것이 "살인하지 말라"는 말씀입니다. 인간은 살인에 대한 본능을 갖고 있습니다. 물론 실제로 사람을 죽이지 않을 수는 있지만, 그 대신 미워하고 복수하며 고소하고 고발합니다. 이것이 오늘날 지역 갈등, 세대 갈등, 부모와 자식 간의 갈등으로 나타납니다.

자살이란 스스로 살 가치가 없다고 여기고 삶을 자포자기하는 것을 말합니다. 자신의 생명을 끊어 버리는 것입니다. 다른 사람보다 많이 배우고 잘사는 사람들이 자살을 더 많이 시도합니다. 마귀가 영향력을 행사하면 사람은 공연히 남을 미워하기 시작하고 분노를 발합니다. 심지어 다른 사람을 죽이기까지 합니다.

둘째, 마귀는 거짓말쟁이입니다. 마귀에게 진리는 아예 존재하지 않습니다. 모든 것이 거짓이고 허위이며 가장입니다. 예수님은 분명히 말씀하십니다. "그 안에 진리가 없기 때문에 진리 안에 서지 못한다. 그는 거짓말을 할 때마다 자기 본성을 드러낸다. 이는 그가 거짓말쟁이며 거짓의 아버지이기 때문이다."

언뜻 보면, 거짓말은 아무것도 아닌 듯하지만, 영적으로 보면 살인과 같은 것입니다. 거짓말을 자주 하면 사람들은 서로 믿지 못하게 됩니다. 거짓말은 사실을 그대로 말하지 않는 것입니다. 침묵도 거짓말이 될 수 있는 것은 사실이 아닌데도 "아니요"라고 말하지 않고 가만히 있기 때문입니다. 사실이 아닌데 사실로 가장하는 것도 거짓말입니다. 이런 현상이 깊어지면 자꾸 말을 바꿔서 어떤 때는 이런 말을 하고, 어떤 때는 저런 말을 하게 됩니다.

하나님 안에서 갖는 꿈이 그 사람을 결정한다

요즘은 살인하고 거짓말하는 세상입니다. 정치도, 경제도 거짓말하며 서로 믿지 않습니다. 참으로 무서운 세상입니다. 마귀가 역사하는, 살인하고 거짓말하는 사회입니다. 예수님 당시의 종교 지도자들도 살인하고 거짓말했습니다.

살인하는 일에서 떠나야 하고 거짓말하는 일에서 돌아서야 합니다. 영수증을 주고받지 않아도 서로 믿을 수 있는 사회가 되어야 합니다. 자신이 한 말 때문에 손해를 보더라도 그대로 지키는 사회가 되어야 합니다.

> 그러나 내가 진리를 말하기 때문에 너희는 나를 믿지 않는다. 너희 가운데 누가 내게 죄가 있다고 증명할 수 있느냐? 내가 진리를 말하는데 어째서 나를 믿지 못하느냐?(요 8:45-46).

예수님은 윤리적 · 도덕적으로 문제가 있어서 유대 사람들에게서 배척되신 게 아닙니다. 진리의 말씀을 전하시기 때문에 배척받으셨습니다. 또 말씀을 듣는 사람들 안에 진리가 없는 것도 중요한 원인입니다.

> 하나님께 속한 사람은 하나님의 말씀을 듣는다. 너희가 듣지 않는 까닭은 너희가 하나님께 속하지 않았기 때문이다(요 8:47).

하나님 말씀을 듣는 사람은 그분께 속해 있습니다. 사람이 하나님 말씀을 듣지 못하는 까닭은 그 안에 하나님이 없기 때문입니다. 그 사람이 어떤 조건에 있든지 아무 상관이 없습니다. "우리는 3대째 크리스천 가정입니다", "우리 아버지는 목사입니다", "우리 아버지는 장로입니다"와 같은 이야기는 아무 쓸모가 없습니다. 주위 환경이나 조건이 중요한 것이 아니라, 그 사람 안에 하나님 말씀이 있고 그분이 계시느냐가 중요합니다.

자신이 하나님의 자녀인지, 마귀의 자녀인지는 자기가 가장 잘 압니다. 겉으로 멀쩡하다고 해서 속까지 깨끗한 것은 아닙니다. 학력이나 직업이 그 사람을 결정하지 않습니다.

하나님 안에서 갖는 생각, 꿈, 비전이 그 사람을 결정합니다. 돈, 성공, 의식주 등을 생각한다면 그 정도밖에 되지 않습니다. 그러나 거룩을 생각하고 비전을 꿈꾸며 하나님께로 향한 생각을 갖는다면 곧 하나님의 사람입니다.

당신의 마음에 하나님이 계시길 축원합니다. 당신의 마음에 하나님 말씀이 충만하길 바랍니다. 당신의 삶이 하나님께 영광 돌리는 삶이 되기를 바랍니다. 하나님 말씀에 영향을 받는 사람이 되기를 축원합니다.

23

결코 죽음을
보지 않을 수 있다면

요한복음 8:48-59

예수님을 믿는 것은 큰 축복이다

문득 누군가에게서 사랑 고백을 듣고 싶거나 누군가를 사랑하고 싶어질 때가 있습니다. 현대에 많이 나타나는 각종 정신병의 원인을 애정 결핍에서 찾을 정도로 사랑은 인간에게 아주 귀중합니다.

우리는 "사랑한다"라는 말을 자주 사용하지만 아무런 조건 없이 누군가를 사랑하기란 불가능한 일입니다. '사랑한다는 말을 주고받으면서 죽을 때까지 그 사랑이 변치 않을 것이라고 서로 진실하게 고백할 수 있을까?'라는 생각을 가끔 해 봅니다. 안타깝게 거짓말이라도 그런 고백을 해 본 적이 없습니다. 그래서 사람은 항상 외롭고 고독한 존재입니다. 사람이 죽을 때까지 진실한 사랑을 주고받을 수 있다면, 큰 기적이 일어날 것입니다.

우리는 이웃 사랑은 고사하고 우선 자기 사랑도 못하고 있습니다. 자신을 사랑하지 못하는 것에 대해 변명만 늘어놓습니다. 사람은 자신을 사랑하는 것 같지만, 자세히 들여다보면 스스로 미워하고 법과 도덕적 기준으로 자신을 닦달하고 있습니다.

예수님은 그런 우리를 위해 사랑으로 이 땅에 오셔서 생명의 성령의 법을 주셨습니다. 그러나 예수님 당시 유대 사람들은 이런 예수님을 이해하지 못했습니다.

"예수님은 어떤 분이신가?"라는 물음은 예수님 당시는 물론이고 오늘날에도 많은 사람이 품고 있는 질문입니다. 그러나 당시 사람들은 눈앞에 예수님을 두고도 알아보지 못했습니다. 지금 우리가 예수님을 믿는다는 것은 큰 축복이 아닐 수 없습니다. 인간의 이성이나 경험, 지식 등으로는 결코 예수님을 이해할 수 없습니다.

예수님의 말씀 중에는 선뜻 이해되지 않는 것이 많습니다. "내가 하늘에서 내려온 살아 있는 빵이다", "나는 영원히 목마르지 않을 생수다"와 같은 말씀은 쉽게 이해되지 않습니다. 그런데 어느 한순간 그 말씀이 귀에 들어오면서 이해되기 시작합니다. 그러나 당시 사람들은 예수님의 말씀을 이해하지 못하고 예수님을 공격하기 시작합니다.

유대 사람들이 예수께 대답했습니다. "우리가 당신을 사마리아 사람이라고 하며 귀신들렸다고 하는데 그 말이 옳지 않소?"(요 8:48).

종교 지도자들은 예수님을 사마리아 사람이라고 몰아붙입니다. 유대 사람들은 상대방을 멸시하고 조롱할 때 사마리아 사람으로 치부해 버리는 경향이 있었습니다. 사마리아 사람들은 하나님을 말씀으로 믿지 않고 감정에 따라 맹목적으로 믿는다고 해서 조롱거리로 삼았던 것입니다. 유대 사람들은 예수님이 종교를 이용해 많은 사람을 몰고 다닌다고 보았습니다. 무리를 미혹하는 이단이라고 판단했습니다. 또한 유대 사람들은 예수님이 귀신 들렸다고 서슴지 않고 말합니다. 그들은 예수님을 전혀 이해하지 못하고 있습니다.

예수께서 말씀하셨습니다. "나는 귀신 들린 것이 아니다. 다만 나는 내 아버지께 영광을 돌리는 것인데 너희는 나를 멸시하는구나. 나는 내 영광을 구하지 않는다. 그러나 나를 위해 영광을 구하는 분이 계시는데 그분은 심판자이시다"(요 8:49-50).

예수님이 하나님을 경배하고 찬양하자 유대 사람들은 예수님이 귀신 들렸다고 해석합니다. 이에 대해 예수님은 두 가지 이유를 들며 자신이 귀신 들리지 않았음을 설명하십니다. 하나는 "나는 하나님께 영광을 돌린다"는 것입니다. 다른 하나는 "나는 스스로 자신에게 영광을 돌리지 않는다"는 것입니다. 한 걸음 더 나아가 예수님은 자신에 대해 설명해 주십니다.

내가 진실로 진실로 너희에게 말한다. 누구든지 내 말을 지키는 사람은 결코 죽음을 보지 않을 것이다(요 8:51).

이 말씀에서 죽음에서 부활하여 영원하신 하나님의 아들 예수님의 모습을 엿볼 수 있습니다.

성경에는 "진실로 진실로 너희에게 말한다"라는 구절이 자주 나옵니다. 이 구절은 매우 중요한 진리를 강조할 때마다 사용됩니다. 51절을 원문으로 보면 "결코 죽음을 보지 않을 것이다"라는 표현이 먼저 나옵니다. 예수님을 믿고 그 말씀을 먹으면 누구든지 영원히 산다는 뜻입니다. 진리는 머리로 이해하는 게 아니라 마음으로 먹고 몸으로 받아들이는 것입니다.

우리가 예수님을 믿으면서도 자주 갈등을 겪는 이유는 작은 머리로 믿음의 세계를 이해하려 들기 때문입니다. 인간은 하나님을 이해하지 못합니다. 오히려 하나님이 인간을 이해하십니다. 유한한 인간의 생각이나 경험으로 무한하고 영원하신 창조주 하나님을 이해한다는 것은 불가능합니다. 인간의 이성과 머리로 하나님을 이해할 수 없다고 해서 그분이 틀렸다고 말하는 것만큼 어리석은 일은 없습니다. 지구의 자전하는 소리가 귀에 들리지 않는다고 해서 지구가 돌지 않는다고 말하는 것은 어리석기 짝이 없는 노릇입니다.

눈에 보이는 것만이 진리가 아닙니다. 세상에는 보이는 것보다 보이지 않는 것이 더 많습니다. 우리가 보는 것보다 훨씬 더 넓은 것이 세상입니다. 사람이 만지고 느낄 수 있는 것은 지극히 일부입니다. 만지지 못하지만 느낄 수 있는 세계는 무궁무진합니다. 자연 세계보다 더 넓은 것이 영적 세계입니다. 인간은 시간과 공간의 제약을 받습니다. 그런 존재가 시공의 제한을 초월하신 하나님을 전부 이해한다는 것은 어불성설입니다. 성경은 하나님이 없다고 말하는 사람은 어리석다고 말씀하십니다.

태초부터 계셨던 예수님을 알라

성경은 "하나님께서 태초에 하늘과 땅을 창조하셨습니다"(창 1:1)라고 말씀하십니다. "하나님이 어떻게 생겼다"라고 말씀하지 않습니다. 태초에 하나님이 행하신 일을 기록했을 뿐, 인간은 하나님이라는 존재에 대해 말하지 못한 것입니다. 인간은 태어나는 존재이지 창조하는 존재가 아닙니다. 그러나 인간은 자신을 창조주라고 착각하는 경향이 있습니다. 인간의 이성, 논리, 경험, 사상 등으로 하나님을 잡을 수 없다는 이유로 그분의 존재를 거부해 버립니다. 우리가 태양에 대해 알지 못한다고 해서 태양을 거부할 수는 없습니다. 우리가 태어나기 전부터 태양은 비치고 있었습니다.

인간이 세상에 나타나기 전부터 하나님은 이미 존재하셨습니다. 인간은 자신이 가진 지식의 잣대로 모든 사물을 평가하려 듭니다. 그러나 인생이란 사람이 계산하고 평가한 대로만 이루어지지 않습니다. 인간의 본질과 그 삶에 대한 해석들이 난무하지만, 정답은 어디에도 있지 않습니다. 인간은 이런 문제를 풀기 위해 철학을 만들었지만, 그것으로도 풀리지 않자 종교를 만들었습니다.

예수님은 "누구든지 내 말을 지키는 사람은 결코 죽음을 보지 않을 것이다"라고 말씀하십니다. 사람에게 영원한 생명을 주는 분은 바로 예수 그리스도이십니다. 예수님이 이해되지 않을 때는 그냥 믿으면 됩니다. 성경 말씀의 논리가 인간의 상식이나 이성보다 높은 수준입니다. 이성의 끝은 믿음이고 믿음은 이성보다 높은 단계입니다. 무조건 믿으라는 게 아니라 이성을 넘어선 믿음을 가지라는 것입니다. 그러면 주님의 놀랍고 영광스러운 임재를 체험할 수 있습니다.

인간의 실존은 죽음에 있습니다. 인간은 죽음 앞에서 불안해하고 공포에 떱니다. 건강하든 병들었든, 성공했든 실패했든 사람은 모두 죽습니다.

하지만 예수님은 "누구든지 내 말을 지키는 사람은 결코 죽음을 보지 않을 것이다"라고 말씀하십니다. 영원히 죽지 않는 것을 '영생'이라고 합니다. 예수님이 하나님의 아들이 아니시라면, 절대로 영생에 관해 이렇게 말할 수 없습니다.

이 말씀에 유대 사람들이 예수께 말했습니다. "이제 우리는 당신이 귀신 들렸다는 것을 알았소. 아브라함도 죽었고 예언자들도 죽었는데 당신은 '누구든지 내 말을 지키는 사람은 결코 죽음을 보지 않을 것이다'라고 하니"(요 8:52).

이 말씀에서 유대 사람들은 죽음에 대해 '보다'라는 표현을 사용합니다. 아브라함과 선지자들, 조상들도 모두 죽었는데, 인간인 예수의 말을 지키면 죽음을 보지 않는다니 말이 되느냐며 반박합니다. 이에 대한 예수님의 원리, 주장, 결론은 언제나 한결같습니다.

예수께서 대답하셨습니다. "만일 내가 나를 영광되게 한다면 내 영광은 헛된 것이다. 나를 영광스럽게 하시는 분은 바로 너희가 너희 하나님이라고 말하는 내 아버지이시다. 너희는 그분을 알지 못하지만 나는 그분을 안다. 내가 만약 그분을 알지 못한다고 말한다면 나도 너희와 같이 거짓말쟁이가 될 것이다. 나는 분명 아버지를 알고 그분의 말씀을 지킨다. 너희 조상 아브라함은 내 날을 보리라고 기대하며 기뻐하다가 마침내 보고 기뻐했다"(요 8:54-56).

예수님은 "나를 영광스럽게 하시는 분은 바로 너희가 너희 하나님이라고 말하는 내 아버지이시다", "너희는 그분을 알지 못하지만 나는 그분을 안다", "너희 조상 아브라함은 내 날을 보리라고 기대하며 기뻐하다가 마침내 보고 기뻐했다"라고 말씀하십니다.

유대 사람들이 예수께 말했습니다. "당신은 아직 나이가 50세도 안 됐는데 아브라함을 보았단 말이오?"(요 8:57).

그들은 계속 예수님께 반박합니다. 우리는 유대 사람들의 질문을 통해 예수님은 인간이시지만, 태초부터 계신 하나님이시라는 사실을 알 수 있습니다.

> 예수께서 대답하셨습니다. "내가 진실로 진실로 너희에게 말한다. 나는 아브라함이 태어나기 전부터 있었다." 그러자 유대 사람들이 돌을 들어 예수께 던지려 했습니다. 그러나 예수께서는 몸을 피해 성전 밖으로 나가셨습니다(요 8:58-59).

예수님은 "나는 너희의 조상 아브라함이 나기 전부터 있었다"라고 말씀하십니다. 오늘날에도 어떤 사람들은 이 부분에서 혼란스러워합니다. 당시 유대 사람들도 마찬가지였습니다. 그래서 유대 사람들은 예수님께서 귀신이 들렸다고 말합니다. '도대체 예수는 누구인가? 이 사람은 왜 이런 주장을 하는가?'라고 생각합니다.

대답은 간단합니다. 예수님은 태초부터 계신 하나님이시기 때문입니다. 이 믿음을 갖는다면 예수님이 말씀하신 모든 논리가 일사천리로 풀립니다.

믿으면 이해되고, 모든 말씀이 사실이 된다

예수님이 죽음의 권세를 이기고 부활하신 것도 마찬가지입니다. 인간의 사고나 논리로 부활은 불가능한 것이지만, 예수님이 하나님의 아들이심과 태초부터 계신 영원하신 분임을 믿고 고백하면 가능한 것입니다. 그러면 예수님의 모든 말씀은 사실이 되고 "누구든지 내 말을 지키는 사람은 결코 죽음을 보지 않을 것이다"라는 말씀도 참진리임을 알 수 있습니다.

유대 사람들은 예수님을 이해할 수 없었습니다. 따라서 그들은 예수님을 내쫓고 죽이려 했습니다. 2,000년이 지난 지금도 그런 상황은 조금도 변하지 않았습니다. 로마 시대의 압제하에서 정치적·사회적·문화적으로 큰 혼란에 있던 환경은 예나 지금이나 다른 것이 없습니다. 다만 칼과 창으로 전쟁하느냐, 핵무기와 미사일로 전쟁하느냐의 차이일 뿐입니다. 인간의 죄성, 본성은 변하지 않습니다.

마찬가지로 예수님도 변함이 없으십니다. 그분은 태초부터 계신 분입니다. 인간은 성경에 기록된 모든 말씀을 그대로 믿고 받아들여야 합니다. 그러면 예수님에 관한 축복의 말씀을 모두 이해할 수 있습니다. 그 말씀 앞에서 눈물 흘리는 사람은 구원의 축복을 받습니다.